"La muerte es algo que no debemos temer porque, mientras somos, la muerte no es y cuando la muerte es, nosotros no somos".

Antonio Machado (1875-1939).

"Así como una jornada bien empleada produce un dulce sueño, así una vida bien usada causa una dulce muerte".

Leonardo Da Vinci (1452-1519).

SITUACIONES AL FINAL DE LA VIDA: EUTANASIA, MUERTE DIGNA Y LIMITACIÓN DEL ESFUERZO TERAPÉUTICO.
LEGISLACIÓN ACTUAL EN EUROPA Y ESPAÑA.

LO QUE EL PACIENTE QUIERE SABER, ¿CÓMO SE DECIDE Y APLICA LA LIMITACIÓN DEL ESFUERZO TERAPÉUTICO EN UNA UCI EN ESPAÑA?

Autores: María del Rocío Jiménez Tortosa, Antonio Manuel Rodríguez García.

<u>**ÍNDICE:**</u>

TABLA DE ABREVIATURAS:

LET: Limitación del esfuerzo terapéutico.

OMS: Organización mundial de la salud.

RAE: Real Academia Española.

SMI: Servicio de Medicina Intensiva.

Pac: paciente.

PCR: parada cardiorrespiratoria.

BZD: benzodiazepinas.

NRL: neurológica.

VIH: virus inmunodeficiencia humana.

Enf: enfermedad.

CP: Código Penal.

Art.: artículo.

APACHE II: "Acute Physiology and Chronic Health Evaluation II".

SAPS: "Simplified Acute Physiology score".

SAOS: Síndrome de Apnea Obstructiva del Sueño.

CO2: Dióxido de carbono.

IOT: intubación orotraqueal.

SNG: sonda nasogástrica.

ELA: Esclerosis lateral amniotrófica.

1. Introducción.

El objetivo de este libro es realizar una amplia revisión de la situación actual de los temas de eutanasia, suicidio asistido, muerte digna y LET en Cuidados Críticos. Considero fundamental, en el campo de la bioética, la necesidad de realizar revisiones periódicas y mantenerse actualizado en los conocimientos referentes a la evolución de los temas médicos/éticos que más curiosidad generan a los lectores y los pacientes, haciendo especial hincapié en la situación en nuestro país, ya que es desconocido por muchos que se intentara realizar un Proyecto de Ley sobre el final de la vida, así como la forma de actuar en las Unidades de Cuidados Críticos en situaciones al final de la vida, generando una gran confusión entre los pacientes o familiares/tutores legales de pacientes sobre la legalidad de determinadas actuaciones/decisiones como son la Limitación del Esfuerzo Terapéutico.

El análisis continuo de nuestras formas de actuación como médicos es una parte fundamental en nuestra labor profesional, ya que para avanzar y mejorar es preciso revisar frecuentemente aquella mala praxis o modo de actuar erróneo e intentar cambiar dichas prácticas hacia una buena praxis, a su vez actualizando nuestros conocimientos, siempre buscando lo mejor para el paciente que es el centro del sistema (el punto principal de la ética médica es la relación médico-paciente, ya que a partir de ésta toman sentido el resto de aspectos del proceso asistencial). Con este libro intentaremos orientar a los lectores sobre la situación actual de la cuestión en Europa y principalmente en España, así como explicarles como se lleva a cabo la decisión de realizar una LET y como se desarrolla dicho proceso, que nada tiene que ver con la eutanasia y que consideramos que en el siglo XXI todo paciente debería conocer.

El progreso científico-tecnológico otorga la posibilidad de cambiar la evolución del proceso salud-enfermedad en el hombre, incluyendo la aparición de nuevas expectativas en cuando a la prolongación de la vida de alguien que se encuentre en estado crítico. Aunque no todo lo técnicamente posible puede ser éticamente justificable. Una pregunta interesante que podríamos plantearnos es la siguiente, ¿cuáles deberían ser los límites de la tecnología? El empleo inadecuado de la tecnología permite a veces prolongar la vida del paciente, pero ¿con qué consecuencias? ¿realmente creemos que el mero hecho de prolongar la vida de un paciente sin una expectativa de vida ni unas opciones de calidad aceptables de la misma tras el proceso de enfermedad padecido, es siempre algo lícito y éticamente correcto? No debemos olvidar que cuando ya no es posible curar o evitar la muerte, el personal médico tiene entonces la obligación de cuidar y aliviar, de ahí que la respuesta profesional y científica a las necesidades del paciente en situación terminal se encuentre en los cuidados paliativos, cuyo objetivo es alcanzar la mejor calidad de vida para el enfermo y sus familiares durante el duro proceso de la muerte. El espectacular desarrollo de la bioética, ha puesto en discusión temas de vital importancia en relación a los derechos y deberes de los pacientes[1]. Algunos de los temas más polémicos a nivel mundial son la eutanasia, la limitación del esfuerzo terapéutico (LET) y los cuidados paliativos, siendo fundamental establecer una claridad conceptual respecto a dichos términos, para un mejor manejo de las situaciones en las que surgen los mismos. Estos originan un debate amplio en el plano ético y legal, en el que la sociedad debe estar implicada y tomar conciencia de sus responsabilidades y derechos en estas situaciones.

La metodología de investigación para elaborar este libro ha consistido en una amplia revisión bibliográfica de diversas fuentes íntimamente relacionadas con la bioética y otras de ellas con la medicina intensiva, la atención del paciente crítico al final de su vida y la toma decisiones en estas situaciones, utilizando para localizar las fuentes buscadores diversos como Researchgate y Pubmed entre otros, introduciendo como palabras clave los términos eutanasia, eutanasia en Europa, limitación del esfuerzo terapéutico, paciente crítico; así como diversos libros relacionados con dichos temas. He revisado sentencias de los casos más conocidos de eutanasia y LET o que han generado mayor interés público o conflicto-debate social, a través de diversos enlaces de páginas web.

La estructura del libro nos permite realizar una revisión de ciertas prácticas en el final de la vida, focalizando en la eutanasia y la limitación del esfuerzo terapéutico (LET), haciendo referencia histórica a la evolución de dichos términos, analizando el mapa europeo de dichas prácticas, comparando la legislación vigente en materia de eutanasia en aquellos países europeos donde esta práctica se encuentra legalizada, así como el "intento" de legislación española referente al tema de la eutanasia (Proyecto de Ley Reguladora del los Derechos de la Persona ante el proceso del final de la vida. España. 2011), un tema que recientemente se ha vuelto a poner entre el "orden del día" del

---

[1] Ley 41/2002 Básica reguladora de la Autonomía del paciente y de derechos y obligaciones en materia de información y documentación clínica.

Congreso en España y que queda pendiente de un debate para decidir y se legaliza o no la eutanasia en los próximos años. He contrastado los puntos fuertes y débiles de dicho proyecto de ley, con especial referencia a algunos de los motivos por los que quizás no progresó su aprobación. Pretendo centrarme en particular en la limitación del esfuerzo terapéutico en el paciente crítico que es uno de los campos de actuación de mi profesión, explicando su impacto actual, analizando su práctica en diversas unidades de cuidados críticos europeas, las opiniones de los profesionales al respecto y finalmente explicando como se lleva a cabo la LET en nuestra unidad de cuidados críticos.

Las conclusiones fundamentales resumidas son que para la instauración-legalización de la eutanasia en España todavía falta trabajo intenso sobre el tema para llegar a una aprobación en forma de ley de la misma (aún a pesar de que recientemente haya saltado a la palestra del campo de actuación nuestros políticos con los cambios de Gobierno que se han precipitado en España), debido a la necesidad de acuerdos políticos, difíciles en una etapa en la que hay un gran desorden político multipartidista, la necesidad de implantación de protocolos de actuación respecto a LET y la necesidad de formación de los profesionales en comunicación y manejo de situaciones en el final de la vida, así como una gran comunicación con el paciente y sus familiares y campañas informativas dirigidas hacia la población, orientadas a desmitificar la eutanasia y la LET y explicar en que consisten esas prácticas y a qué tipo de pacientes suelen dirigirse en otros países europeos en los que se encuentra legalizada la primera, para tomarlos como marco de referencia y no olvidar que el **criterio fundamental para la aplicación de la eutanasia** es la **solicitud por parte del paciente**, para evitar temores infundados en ciertos grupos de población que podrían considerarse más vulnerables y explicar que en el momento en que se legalice será imprescindible proteger mediante la ley dichos colectivos para evitar prácticas abusivas, condenando a penas de prisión a aquellos que incumplan a ley.

2. Definición de eutanasia y limitación del esfuerzo terapéutico (LET). Evolución histórica. Implicaciones actuales.

El término eutanasia conforme lo concebimos en la actualidad fue propuesto por primera vez por el filósofo Francis Bacon[2] (siglo XVII) al estudiar las enfermedades incurables. Se trataba de una palabra compuesta que provenía del griego *eu* (bien) y *thanatos* (muerte), por lo que no significaba otra cosa que "*buena muerte*", y consistía en "*la acción del médico sobre el enfermo incluyendo la posibilidad de apresurar la muerte*". Posteriormente, fueron apareciendo nuevas y diversas definiciones, modificadas por la evolución médica y científico-tecnológica. Según la Real Academia Española (RAE) la eutanasia tiene por finalidad evitar sufrimientos insoportables o la prolongación artificial de la vida de un enfermo, pudiendo realizarse con o sin el consentimiento del enfermo ("intervención deliberada para poner fin a la vida de un paciente sin perspectiva de cura").[3] La OMS[4] indica que las definiciones de la eutanasia no son exactas y pueden variar de una persona a otra, pero tienen varios elementos en común, refiriéndose fundamentalmente a la eutanasia activa como "la acción del médico que provoca deliberadamente la muerte del paciente". Esta se puede llevar a cabo de forma activa (directa o indirecta) o pasiva.

Con dichas definiciones, podemos considerar que la eutanasia en sí misma no es ética ni moralmente lícita porque atenta contra la propia dignidad de la persona enferma, cuyo objetivo es provocar deliberadamente la muerte.

En el otro extremo, nos encontramos con la Limitación del Esfuerzo Terapéutico (o eutanasia pasiva)[5], legal en muchos países europeos, entre ellos España, considerada como una buena práctica clínica. En la LET no se dan los elementos básicos de un acto de eutanasia: **falta la voluntad explícita y ratificada del paciente a morir** y en **ningún caso la intención es provocar la muerte**. La decisión de limitar, no quiere decir que el esfuerzo terapéutico finalice, sino que consiste en redefinir las necesidades

---

[2] Francis Bacon. *El avance del saber* (1605). (Traducido al español por María Luisa Balseiro: Francis Bacon, *El avance del saber*, Alianza Editorial, 1988).

[3] Definición de eutanasia, en el Diccionario de la lengua española de la Real Academia Española, consultado el 3 de Octubre de 2016.

[4] World Health Organization, WHO (1995). Ethics of medicine and health. WHO-EM/PHP/1/EG. Technical paper presented at the Forty-second Session of the Regional Committee for the Eastern Mediterranean.

[5] Betancourt G. **"Limitación del esfuerzo terapéutico versus eutanasia: una reflexión bioética"**. *Humanidades médicas* 11 (II) 2011; 259-273.

y estrategias de cuidados acorde con la evolución del estado de enfermedad del paciente, evitando la "*distanasia*" (dis= mal; thanatos= muerte) definida[6] como "la aplicación de medidas exageradas que exceden las necesarias de soporte vital del paciente, aunque esto signifique infligir al moribundo sufrimientos sobreañadidos". El médico dignifica la muerte cuando se abstiene de recomendar tratamientos dolorosos e injustificados que sólo prolongan el proceso de morir. La *obstinación o encarnizamiento terapéutico* (sinónimo de *distanasia*) debe considerarse un error ético y una falta de competencia médica. Encontramos referencia histórica a este término en la Grecia clásica, donde uno de los principios que guiaban la obligación moral del médico respecto a sus pacientes, era el imperativo de abstenerse de actuar cuando la muerte o la incurabilidad del enfermo parecían ser invencibles[7]. El Juramento Hipocrático recoge esta idea con la siguiente afirmación: "*Y me serviré, según mi capacidad y mi criterio, del régimen que tienda al beneficio de los enfermos, pero me abstendré de cuanto lleve consigo perjuicio o afán de dañar*".

La primera sentencia acerca de la legalidad de la suspensión del tratamiento en un paciente adulto en estado vegetativo persistente se dio en 1976, el conocido caso de Karen Quinlan[8], este podría considerarse el primer caso de eutanasia pasiva o LET. La LET no es sencilla en la práctica clínica, exige estrategias de comunicación y habilidades sociales así como la necesidad de la rehumanización de la asistencia, tema de actualidad que se encuentra en proceso de aplicación y revisión en la mayoría de UCIs de nuestro país[9]. Morir con dignidad significa construir mecanismos que, dentro de los límites, asuman la experiencia de la finitud y de la capacidad humana. La LET responde a dos criterios[10]: el mal pronóstico vital (juicio técnico) y la mala calidad de vida (juicio de valor). Debido a que la Medicina se basa en la probabilidad y no en la

---

[6] Definición de distanasia en el Diccionario de la RAE consultado el 3 de Octubre 2016: prolongación médicamente inútil de la agonía de un paciente sin perspectiva de cura.

[7] Laín Entralgo P. **"La medicina hipocrática"**. Alianza editorial. 1982.

[8] In the matter of Karen Quinlan, an alleged incompetent. March 31, 1976. Supreme Court of New Jersey. (<http://www.euthanasia.procon.org/sourcefiles/In_Re_Quinlan.pdf>)(consultada el 3 de octubre de 2016).

[9] L. Rubio, M. Cosi et al. "Relaciones interdisciplinarias y humanización en las unidades de cuidados intensivos". Enfermería intensiva, 4 (XVII). 2006; 141-53 <http://www.elsevier.es/es-revista-enfermeria-intensiva-142-articulo-relaciones-interdisciplinarias-humanización-las-unidades-13095677>.
S. Fernández-Salazar. "Humanización de los cuidados intensivos: Proyecto HU-CI", <http://www.cuidando.es/humanización-de-los-cuidados-intensivos-proyecto-hu-ci >, 2015, (6 de Diciembre de 2016).

[10] Gamboa F. **"Limitación del esfuerzo terapéutico. ¿Es lo mismo retirar un tratamiento de soporte vital que no iniciarlo?"** *Medicina Clinica* (Barc). 135 (IX) 2010; 410-416.

certeza, se ve influida por múltiples factores, como las creencias o la percepción subjetiva del médico, siendo difícil la decisión de irreversibilidad, ya que siempre queda un grado de incertidumbre.

3. Situación actual en Europa en países en los que la eutanasia es una práctica legal. Mapa europeo de legalidad de la eutanasia. Derecho comparado: legislación vigente sobre eutanasia en Europa.

Las características del paciente que solicita eutanasia, según un artículo relativamente reciente en el que se recoge el estado actual de la cuestión en los países europeos y estadounidenses en los que dicha práctica está legalizada, son[11]: varón con edad comprendida entre 60-85 años, elevado nivel educativo, sin creencias religiosas, afectos de cáncer (la patología en la que más frecuentemente se solicita).

El mismo artículo, en el que se realizó una revisión sistemática de revistas y periódicos oficiales médicos hasta 2012 (1043 publicaciones de los que se obtuvieron 25 para su estudio minucioso, incluyendo series de casos, encuestas y revisiones de certificados de defunción) y fue publicado en Medical Care[12], extrajo las siguientes conclusiones:

1. Los casos de eutanasia *"no son muchos"*, aunque parecen tener *tendencia creciente*.
2. Reducción del suicidio asistido.
3. Reducción de la finalización de la vida sin petición expresa.
4. La incidencia de LET es estable.
5. Se ha incrementado la aplicación de sedación terminal.

Nos podemos hacer una idea a simple vista de la distribución actual de estas prácticas en Europa a través de la siguiente figura:

---

[11] Steck N, Egger M, Maessen M et al. « Euthanasia and assisted suicide in selected European countries and US states ». Medical Care 10 (LI). 2013: 942.
[12] Steck N, Egger M, Maessen M. et al. **"Euthanasia and assisted suicide in selected European countries and US states"**. *Medical Care* 10 (LI), 2013: 938-944.

<u>Mapa europeo de la eutanasia y el suicidio asistido[13]</u>

La siguiente tabla-resumen de las características más destacables de la legislación en cada país nos ayuda a visualizar y comparar los aspectos diferenciales:

País	Eutanasia (estado actual)	Suicidio asistido (estado actual)	Método de legalización	Año de inicio	Edad mínima requerida	Diagnóstico requerido	Tiempo hasta autorización	¿Precisa informe psiquiátrico)	Estado del paciente
Suiza	Ilegal	Legal	Código Penal	1942	No especificado	Ninguno	Ninguno	No	No especificado
Bélgica	Legal	Legal	Legislación	2002	Ninguna	Ninguno en adultos. Niños: terminales.	Ninguno en terminal. 1 mes en no terminal.	Sí en niños menores de 18 años y adultos con condición psiquiátrica.	Futilidad médica con constante y sin alivio del sufrimiento físico o mental.
Holanda	Legal	Legal	Legislación	2002	12	Ninguno	Ninguno	No	Sufrimiento sin alivio ni evitable sin perspectiva de mejora.
Luxemburgo	Legal	Legal	Legislación	2009	18	Ninguno	Ninguno	No	Situación médica incurable con sufrimiento constante no evitable sin perspectiva de mejora.

---

[13] Mapa europeo de la eutanasia y suicidio asistido, extraído de:
Ortega Ortega JH. <http://www.urosario.edu.co/revista-nova-vetera/Vol-1-Ed-1/Columnistas/Eutanasia-una-buena-muerte-o-una-buena-vida/>, 2015, (3 de Octubre de 2016).

Tabla 1. Países europeos en los que se encuentra legalizada la eutanasia y el suicidio asistido (extraído de: Emanuel EJ, Onwuteaka-Philipsen BD, Urwin JW et al. **"Atittudes and practices of euthanasia and physician-assisted suicide in the United States, Canada and Europe"**. *JAMA*; 316 (I); 2016: 79-90).

Tras la introducción en los puntos previos respecto a legislación europea[14] sobre eutanasia, a continuación intentamos resumir más concretamente los criterios para aplicación de eutanasia y/o suicidio asistido en aquellos países europeos en los que estas prácticas se encuentran legalizadas, así como una comparación entre ellas, mostrando las semejanzas y diferencias más notables.

<u>Holanda</u>

Entre las novedades en el Gobierno holandés, existe una noticia de aparición reciente de gran importancia futura como es el hecho de la filtración a través de los medios de comunicación de la intención de sacar adelante una nueva ley (pese al dictamen desfavorable del comité de especialistas al que se encargó el informe en 2014) en la que cualquiera pueda solicitar la eutanasia aunque no esté enfermo[15]. Esto fue planteado por el Gobierno holandés el 13/10/16 en el Parlamento (ministra de Sanidad Edith Schippers y ministro de Justicia Ard van der Steur), solicitando ampliar los supuestos en los que se puede aplicar la eutanasia. La nueva ley supondría la creación de una nueva profesión, una especie de *"orientador social"* con experiencia en el campo de la Medicina que evaluaría la solicitud del suicidio asistido; en el caso en que se diera luz verde a su petición, el demandante obtendría una prescripción con la receta de las pastillas que acabarían con su vida, pudiéndola adquirir en la farmacia; esta propuesta será analizada por el Parlamento, aunque con la actual composición de la Cámara a priori la ley sería avalada, ya que los principales partidos políticos de la misma se encuentran a favor.

Otro hecho relevante en Holanda es el que figure en publicaciones la práctica de eutanasia en pacientes psiquiátricos. Entre los artículos que hablan de los riesgos de la

---

[14] Griffiths J, Weyers H, Adams M. **"Euthanasia and law in Europe"** (book. 595 pp. 2008. ISBN 978-1-84113-700-1. referenciado en New England Journal of Medicine. 360 (18 : XVIII); 2009: 1915.
[15] A. Fuentes, "Eutanasia 2.0: Holanda quiere que cualquiera pueda pedirla aunque no esté enfermo", <http://www.actuall.com/vida/eutanasia-2-0-holanda-quiere-vender-en-las-farmacias-pastillas-de-la-muerte-a-los-ancianos/>, 2016, (19 de Octubre 2016).

eutanasia en este país encontramos uno de 2014 de JAMA Psychiatry [16] (revista científica con elevado factor de impacto) en el que se evidencia que, abierta la eutanasia, "*se cuelan*" pacientes que responderían bien a tratamientos psiquiátricos, **siendo la eutanasia solicitada por sufrimiento psicológico 28 veces más frecuente que hace 5 años**[17].

Tanto en Holanda como en Bélgica[18] más de la mitad de los médicos consultados en encuestas manifestaron haber recibido alguna petición de este tipo de prácticas, llevándola a cabo el 60% de los holandeses. Las tasas de mortalidad por estas causas se encuentran entre 0,3-4,6% de todos los fallecimientos, habiéndose incrementado tras su legalización. Más del 70% de los pacientes que lo solicitaron padecían cáncer.

Entre las características más destacables de la aplicación de la eutanasia en este país figuran:

<u>Requisitos para aplicarla:</u>

1. Convencimiento de petición voluntaria, bien meditada.

2. Padecimiento insoportable, sin esperanzas de mejora.

3. Informar al paciente de la situación.

4. No hay otra solución razonable, decidiéndolo junto al paciente.

5. Consulta de al menos 1 médico independiente, que lo valora y emite un dictamen por escrito.

6. Procedimiento llevado a cabo con máximo cuidado y esmero profesional.

7. Edad de al menos 16 años, valorará razonablemente sus intereses con petición.

8. Edad 16-18 años, atender petición del paciente con <u>participación de los padres</u> en la decisión.

9. Edad 12-16 años, atender la petición del paciente, con los <u>padres de acuerdo</u>.

---

¹⁶ Kim S.; De Vries R. et al. "Euthanasia and assisted suicide of patients with psychiatric disorders in the Netherlands 2011 to 2014". *JAMA Psychiatry* 73 (IV), 2016; 362-368.

¹⁷ S. Boztas, "Netherlands sees sharp increase in people choosing eutanasia due to 'mental health problems'", <http://www.telgraph.co.uk/news/2016/05/11/netherlands-sees-sharp-increase-in-people-choosing-euthanasia-du>, 2016, (19 de Octubre 2016).

¹⁸ Emanuel EJ, Onwuteaka-Philipsen BD, Urwin JW et al. **"Atittudes and practices of euthanasia and physician-assisted suicide in the United States, Canada and Europe"**. *JAMA*; 316 (I); 2016: 79-90.

Existe una Comisión regional formada por 1 medico, un jurista y un experto en cuestiones éticas. Estos son nombrados por los Ministros durante 6 años, renovable otros 6 años. Se dedican a evaluar si el médico ha actuado conforme a la legislación vigente en cada caso y emiten un informe escrito. Comunican al medico el dictamen en 6 semanas. Si no ha actuado bien, el medico tiene que dar explicaciones; si su disertación no es verosímil, se informará al fiscal. Éste decidirá si lo juzga o inicia una investigación criminal según la gravedad de los hechos.

La Comisión se reúne 2 veces al año. Todos los miembros deben guardar secreto y abstenerse de participar en la evaluación de un caso si se consideran incapaces de mantener la imparcialidad.

Se presenta informe anual ante los ministros (número de casos, naturaleza, dictámenes).

Para que se legalizaran estas prácticas, hubo que modificar el Código Penal:

- El que quitare la vida a una persona según deseo expreso de la misma, sería condenado a pena de prisión de hasta 12 años. No punible si es realizado por **un médico** que siga los requisitos de la ley, comunicándolo previamente al forense.

- El que indujere al suicidio y se consumase, podría recibir penas de prisión de hasta 3 años.

- Si prestare auxilio al suicidio, las penas de prisión serían de hasta 3 años.

Si la **muerte se produce mediante la Ley de terminación de la vida**, **no precisa de certificado de defunción**, **sí informe al forense** mediante formulario e informe de requisitos de cuidado.

Bélgica

Comparte nexos con Holanda (hace años los Países Bajos lo constituían Bélgica, Holanda y Luxemburgo). Bélgica puede ser un punto de referencia para España, incluso más importante que Holanda.

Mientras que en Holanda se sometió a debate el tema de la legislación sobre eutanasia durante 30 años, en Bélgica ese debate tan sólo duró 10 años.

Se aprueba la ley sobre eutanasia el 16 de mayo de 2002, entrando en vigor el 22 de septiembre del mismo año.

Requisitos para aplicarla: 1. Ser mayor de edad o menor emancipado.

2. Capaz y consciente.

Puede revocar la solicitud en cualquier momento.

3. Pronóstico de no recuperación.

4. Sufrimiento físico o psíquico constante e insoportable, sin alivio posible.

5. Enfermedad grave e incurable.

6. Petición voluntaria, reiterada, reflexionada, libre de presión exterior. Escrita, redactada, firmada y fechada por el paciente.

Si el paciente es incapaz de ello: representante.

Se deja documento en la historia clínica. Si revocación, el documento se le devuelve al paciente.

7. Obligaciones del médico:

- informar al paciente sobre el estado de salud y pronóstico.

- Dialogar sobre la eutanasia y sobre la situación de forma periódica.

- Convicción conjunta de no alternativa.

- Petición voluntaria y reiterada.

- Sufrimiento físico y mental.

- Deliberar sobre la petición con el equipo de enfermería.

- Comentar petición con los familiares próximos, si lo desea.

- Dejar **un mes** entre la petición y la aplicación.

En los pacientes no terminales es preciso consultar otro médico, indicando el motivo de consulta, realizar un examen e informe.

<u>Voluntades anticipadas en incapaces:</u>

- Para aplicarla hay que asegurarse de que: el paciente sufre una enfermedad grave e incurable, está inconsciente, su situación es irreversible según el estado actual de la ciencia.

- Representante.

- Tener en cuenta la voluntad elaborada en los últimos 5 años.
- Médico que realiza eutanasia: consultar otro médico sobre irreversibilidad. Informar al representante. Dialogar con el equipo de salud. Hablar con representante sobre deseos del paciente o con la familia que el representante indique.

El médico puede mostrar objeción de conciencia, registrar el por qué de ello en la historia clínica y ceder la historia a un médico designado por el paciente.

El médico debe cumplimentar el registro de datos: paciente, médico, voluntades anticipadas, representantes, datos personales, muerte, diagnóstico, motivo de solicitud de eutanasia, fármacos usados.

Del mismo modo que en Holanda, **no precisa certificación médica de defunción,** es **considerada muerte natural**.

En 2014 se realizó una modificación a esta ley, introduciendo la aplicación de la eutanasia en menores con capacidad de discernimiento, en situación médica sin salida de sufrimiento físico constante e insoportable que no puede ser calmado y conlleva fallecimiento a corto plazo que resulta de una afección accidental o patológica grave e incurable:

- Menor no emancipado: consultar a psicólogo, precisando razones. El especialista, realiza dosier médico, examina paciente. Informa a representantes legales del resultado de la consulta.
- La petición del paciente y el acuerdo de los representantes, si es menor, debe realizarse por escrito.
- Posibilidad de apoyo psicológico ofertado a las personas implicadas.

<u>**Luxemburgo**</u>

Se legalizó en 2008, en medio de un conflicto constitucional, porque el gran duque Enrique se negó a firmar la ley alegando problema de conciencia[19].

Hacen mención importante a los cuidados paliativos considerando que es imprescindible que sean garantizados por el hospital y con acceso universal para personas en fase avanzada o terminal de dolencia grave e incurable. Establecen un

---

[19] (no autor concreto) libertaddigital.com, "El Gran duque de Luxemburgo se niega a firmar la despenalización de la eutanasia", < http://www.libertaddigital.com/mundo/el-gran-duque-de-luxemburgo-se-niega-a-firmar-la-despenalizacion-de-la-eutanasia-1276345191/>, 2008, (19 de octubre de 2016).

cuaderno para este tipo de cuidados, asegurando el Estado a su vez la adecuada formación del personal médico y sanitario. Se rechaza la obstinación no razonable (sin sanción del médico que se abstenga de realizar en fase terminal de dolencia incurable, exámenes y tratamientos inapropiados, que no proporcionaran ni mejoría ni alivio de su estado).

El médico está obligado a aliviar eficazmente el sufrimiento físico y psíquico, informar y obtener consentimiento. Si el paciente no está en condiciones de expresar su voluntad, el médico buscara establecer su "presunta" voluntad (instrucciones previas, etc, teniendo en cuenta la evolución de los conocimientos médicos desde su redacción).

El médico deberá informar de estado de salud y esperanza de vida, estudiar la demanda y valorar posibilidades terapéuticas. Asegurarse de que previo al acto se ha encontrado con quien desee.

No se aplicará sanción al médico si se cumple:

    - Paciente mayor de edad, capacitado y consciente.

    - Demanda voluntaria, reflexionada, repetida, sin presión exterior.

    - Situación médica sin solución y estado de sufrimiento.

    - Demanda del paciente de recurrir a eutanasia o a la asistencia al suicidio por escrito.

En este país existe un permiso especial de acompañamiento de la persona al final de la vida, pudiendo ser solicitado por todo trabajador asalariado.

Suiza

Cabe mencionar brevemente que en este país **no** existe **legislación específica** respecto a la eutanasia pero, sin embargo, sí que es legal el suicidio asistido (el Tribunal Federal suizo afirmó en noviembre de 2006 que el suicidio asistido era legal y se derivaba del derecho a decidir de las personas, independientemente de su estado de salud)[20], incluso realizado no necesariamente por un médico, sino por profesionales relacionados con las asociaciones EXIT, DIGNITAS o ETERNAL SPIRIT (promueven la eutanasia y ayudan al suicidio en Suiza; la institución Dignitas se encuentra bajo investigación por

---

[20] "Eutanasia en Europa y otros lugares", <http:// www.vida-digna.org/eutanasia-en-europa-y-otros-lugares>, 2016, (19 de octubre de 2016).

especulación, ya que a cada paciente se le cobra casi 7000 euros)[21], generando un problema grave de "turismo de suicidio asistido"[22]. Los datos indican[23] que ha existido un incremento del 34% en las muertes por suicidio asistido en 2015 que, sumado al 27% de aumento en 2014, asciende a un porcentaje del 61% en dos años.

3.1. Diferencias más importantes en los tres países con legislación propia.

- En Bélgica se aprobaron a su vez la **Ley sobre Cuidados Paliativos y Derechos de los Pacientes**, estos dos aspectos **no estaban incluidos en la holandesa**.

- La **propia ley (Bélgica) no regula ningún otro tipo de intervención sanitaria al final de la vida** (por ejemplo, sedación paliativa o control del dolor con altas dosis de fármacos).

- **Sólo** autoriza a **profesionales médicos** a realizar eutanasia (no exigen que el médico sea el habitual).

- **Regula el derecho a la objeción de conciencia médica**, cede la historia para que el paciente busque otro médico (**no obliga a colaborar al médico en la búsqueda de un segundo**, algo que **sí** pasa en **Holanda y Luxemburgo**).

- La ley **belga** se modifica en **2014** introduciendo la aplicación de la **eutanasia en menores con capacidad de discernimiento** en situación médica sin salida de sufrimiento físico constante e insoportable.

- En **Luxemburgo** existe algo peculiar que figura en la ley, que es la existencia de un **Permiso especial de acompañamiento de la persona al final de la vida**, solicitado por todo trabajador asalariado, en parientes de primer grado o segundo grado, el cónyuge o su pareja. No podrá sobrepasar los 5 días laborables por caso y año (sólo una persona para un mismo período).

---

[21] J. Lozano. "El negocio de la muerte: Minelli, de la nada a millonario con su ONG de suicidio asistido", < http://www.actuall.com/vida/el-negocio-de-la-muerte-minelli-de-la-nada-a-millonario-con-su-ong-de-suicidio-asistido>, 2015, (1 de diciembre 2016).

[22] C. Z. Albuja. "El derecho al suicidio asistido en Suiza atrae a "turismo de la muerte", < http://www.elconfidencial.com/mundo/2016-07-05/eutanasia-suiza-turismo-muerte_1227670>, 2016, (1 diciembre 2016).

[23] Swissinfo.ch (no autor concreto), "EXIT reports jump in assisted suicide numbers", < http://www.swissinfo.ch/eng/society/right-to-die_exit-reports-jump-in-assisted-suicide-numbers/>, 2016, (19 de octubre de 2016)

- En **Luxemburgo** se exige la existencia de un **cuaderno de cuidados paliativos**, garantizando los mismos, y **asegurando la formación continua** del personal sanitario en ellos.

3.2. Similitudes entre los tres países con legislación propia.

- Las formas de realizar la petición son: directa al médico o mediante voluntades anticipadas.
- Si paciente incapaz, representante.
- Acto practicado por un médico.
- Requisitos del paciente para su práctica y procedimientos que debe llevar a cabo el médico, similares. Actuación imparcial.
- Información a otro médico que también valore al paciente y emita un informe.
- Existencia de una comisión de control y evaluación, que emitirá de forma periódica (bianual) informes acerca de los procedimientos.
- El registro debe evaluar periódicamente (cada 5 años) la voluntad del paciente inscrito en el registro (si voluntad anticipada).
- Derecho a la objeción de conciencia médica.
- Fallecimiento tras aplicación de leyes de actuaciones en el final de la vida, **considerado muerte natural**, <u>no</u> precisa de <u>certificado médico de defunción</u>, <u>solamente informe del forense</u>.

4. Situación actual de España en el tema de la eutanasia. Referencias legislativas.

La vida, aunque es un bien jurídico personal del individuo, es objeto de protección en el ámbito jurídico penal de un modo absoluto, incluso frente a la voluntad de su titular. El legislador ha querido dejar impune la tentativa de suicidio, no castigando la actitud del propio suicida, por motivos obvios de política criminal, principio de personalidad de las penas e ineficacia de la misma. Pero no ha permitido que la impunidad del suicidio beneficie a personas distintas al suicida y castiga las formas de cooperación (artículo 143 del Código Penal)[24]:

- La inducción al suicidio (art. 143.1) se castigaría con penas de prisión de cuatro a ocho años.

- El auxilio con cooperación necesaria al suicidio (art. 143.2) (actos necesarios que sean eficaces para producir el suicidio de una persona; por ejemplo el que proporcionara veneno a la que se quiere suicidar) con penas de prisión de dos a cinco años.

- El "homicidio-suicidio" (art 143.3) (cooperación llega hasta tal punto de ejecutar la muerte) con penas de prisión de seis a diez años.

- El auxilio ejecutivo al suicidio o "homicidio por compasión" (art. 143.4) (se refiere a la eutanasia activa directa), con penas inferiores en uno o dos grados a las señaladas en los números dos y tres de este artículo.

De este modo, han quedado destipificadas y no pueden ser consideradas como delito, la eutanasia pasiva ni la eutanasia indirecta.

Hay que destacar, que el artículo 143.4 no ha sido objeto de aplicación en los Tribunales, por lo que no existe Jurisprudencia sobre el tema (único intento de ello se paralizó en 2011, lo veremos en el siguiente punto), aunque si existen varios pronunciamientos del Tribunal Constitucional sobre la petición de eutanasia y acerca de los derechos constitucionales relacionados con ella: Derecho a la Vida, Derecho a la Dignidad y Derecho a la Libertad. En la eutanasia se aprecia nítidamente, la contraposición de estos diferentes derechos y se establece una colisión entre estos bienes jurídicos, todos ellos con protección constitucional reforzada.

---

[24] A. Morales. "La Eutanasia en el momento actual".
< http://www.paliativossinfronteras.com/upload/publica/libros/Alivio-situaciones-dificiles/17-EUTANASIA-EN-EL-MOMENTO-ACTUAL-Morales.pdf>, 2005, (3 de diciembre de 2016).

La doctrina del Tribunal Constitucional ha sido bastante ambigua, lo que ha contribuido a estimular la polémica doctrinal, así como a provocar distintas interpretaciones.

4.1. Proyecto de Ley Reguladora de los derechos de la persona ante el proceso final de la vida 2011.

En un intento por crear una Ley sobre la Eutanasia en España, el 17 de junio de 2011 se publicó en el Boletín Oficial de las Cortes Generales el Proyecto de Ley reguladora de los derechos de la persona ante el proceso final de la vida. Esto generó una fuerte controversia pública; la Sociedad Española de Cuidados Paliativos, la Organización Médica Colegial y la Conferencia Episcopal Española presentaron alegaciones frente al anteproyecto de ley, que fueron remitidas al Ministerio de Sanidad, Política Social e Igualdad. Actualmente en España no existe una regulación específica, aunque determinadas comunidades autónomas han realizado cierta legislación sobre muerte digna y algunas guías clínicas de cómo actuar al final de la vida. Muchos han considerado este anteproyecto "a priori" una ley oportuna.

La estructura en resumen de este proyecto de ley fue la siguiente[25] (exposición de motivos, 4 títulos, 4 disposiciones adicionales, 1 transitoria y 2 finales):

PROYECTO DE LEY REGULADORA DE LOS DERECHOS DE LA PERSONA ANTE EL PROCESO FINAL DE LA VIDA (Boletín Oficial de las Cortes Generales 17 de Junio 2011)
Exposición de motivos
Título preliminar
Artículo 1. Objeto.
Artículo 2. Ámbito de aplicación.
Artículo 3. Proceso final de la vida.
Título I. Derechos de las personas en el proceso final de la vida.
Artículo 4. Derecho a la protección de la dignidad de las personas en el proceso final de la vida.
Artículo 5. Derecho a la información asistencial.
Artículo 6. Derecho a la toma de decisiones.
Artículo 7. Ejercicio de los derechos a la información asistencial y a la toma de decisiones de los pacientes menores de edad.
Artículo 8. Ejercicio de los derechos a la información asistencial y a la toma de decisiones de los pacientes en situación de incapacidad.

---

[25] Martínez Otero J, Aznar J., et al (Observatorio de Bioética. Instituto de ciencias de la vida de la UCV). **"Comentarios al proyecto de ley reguladora de los derechos de la persona ante el proceso final de la vida".** *Cuadernos de Bioética* XXII, 2011/3ª, 577-594.

Artículo 9. Derecho a otorgar instrucciones previas.
Artículo 10. Derecho a revocar o modificar las instrucciones previas.
Artículo 11. Derecho al tratamiento del dolor.
Artículo 12. Derecho al acompañamiento.
Artículo 13. Derecho a la intimidad personal y familiar.
Título II. Actuaciones de los profesionales sanitarios.
Artículo 14. Información asistencial.
Artículo 15. Respeto a la voluntad del paciente.
Artículo 16. Valoración de la incapacidad de hecho.
Artículo 17. Proporcionalidad de las medidas terapéuticas.
Artículo 18. Respeto a las convicciones y creencias del paciente.
Título III. Obligaciones de las Administraciones sanitarias.
Artículo 19. Obligaciones de las Administraciones públicas sanitarias.
Artículo 20. Comités de ética asistencial.
Artículo 21. Apoyo emocional durante el proceso final de la vida.
Disposición adicional primera. Carácter de legislación básica.
Disposición adicional segunda. Régimen sancionador.
Disposición adicional tercera. Cooperación y coordinación en la aplicación de la ley.
Disposición adicional cuarta. Adecuación de procedimientos de prescripción y dispensación de medicamentos que contengan sustancias estupefacientes.
Disposición transitoria única. Plazo de implementación del derecho al uso de habitación individual.
Disposición final primera. Modificación de la ley 41/2002, de 14 de Noviembre, básica reguladora de la autonomía del paciente y de derechos y obligaciones en materia de información y documentación clínica.
Disposición final segunda. Entrada en vigor.

Entre los aspectos del proyecto que merecen ***valoración positiva***, encontramos los siguientes:

1. **Ausencia del término muerte digna**.

Se aconseja evitar el mismo porque no corresponde al legislador determinar que es o no una muerte digna, ya que en esto aparecen aspectos de carácter personal.

2. **Reconocimiento de los cuidados paliativos como derecho**.

Este es el primer texto español de carácter normativo que consagra como un derecho el acceso a los cuidados paliativos (cuidados paliativos integrales de calidad, asistencia domiciliaria, sedación paliativa). El objetivo médico no debe ser curar al enfermo, sino hacerle más llevadero el tránsito de la muerte, aliviando su sufrimiento y dándole el máximo consuelo y confort posible en sus últimos momentos ya que la medicina paliativa mejora la calidad de la vida en las etapas finales de la enfermedad.

3. **Regulación pormenorizada de los derechos al acompañamiento y a la intimidad personal y familiar**.

La situación actual de los centros sanitarios hace difícil la garantía del derecho a la habitación individual, aunque se recomienda que se intente en la medida de lo posible.

4. **Otros derechos**.

El de la intimidad, protección de datos, participar en la toma de decisiones, salvaguarda de la dignidad del enfermo. En este proyecto de ley resaltan la importancia de respetarlos.

Entre los que merecen ***valoración negativa***, encontramos:

1. **Definición imprecisa de eutanasia**.

Algunos autores[26] han considerado que falta el término omisión, ya que, según ellos (en mi opinión una eutanasia precisa de una acción no de una omisión), esto puede ocasionar también una eutanasia. Coincido en que es esencial definir todos los conceptos utilizados, sobre todo aquellos que pueden crear mayor confusión entre los ciudadanos. Se han reclamado definiciones más precisas de eutanasia y suicidio asistido.

2. **Eliminación de la mención expresa a la *lex artis* como límite a las voluntades anticipadas del paciente**.

Este proyecto de ley deroga el artículo 11.3 de la Ley 41/2002 de Autonomía del Paciente, que establece: "No serán aplicadas las instrucciones previas contrarias al ordenamiento jurídico, a la *lex artis*, ni las que no se correspondan con el supuesto de hecho que el interesado haya previsto en el momento de manifestarlas (…)."

Esta modificación elimina la *lex artis* ("la aplicación de las reglas generales médicas a casos iguales o parecidos, o la actuación conforme al cuidado objetivamente debido"), **prevaleciendo el respeto a la voluntad del paciente** por encima del buen actuar médico, incluso se exonera de responsabilidad al médico por su conducta si ésta obedece a la voluntad del paciente (art 15.3) (en actuaciones contrarias a la *lex artis*, se sobre entiende). Visto desde ese punto, despenalizaría la mala praxis, e incluso obligaría

---

[26] Martínez Otero J., Aznar J. et al (Observatorio de Bioética. Instituto de ciencias de la vida de la UCV). **"Comentarios al proyecto de ley reguladora de los derechos de la persona ante el proceso final de la vida"**. *Cuadernos de Bioética* XXII, 2011/3ª, 577-594.

a ejecutar diagnósticos y procedimientos erróneos si el paciente lo solicita (sacrificio del principio de beneficencia a favor de la autonomía del paciente).

A esto se añade, que la capacidad de decisión en muchas ocasiones no estará en manos del enfermo, sino de sus representantes legales (con riesgo de aquellos que obren movidos por intereses).

3. **Concepción maximalista de la autonomía del paciente**.

Olvida la naturaleza interdependiente del ser humano, que necesita de los demás a lo largo de toda su vida, especialmente en el caso de pacientes terminales. Podría interpretarse la relación médico-enfermo como de desconfianza, anteponiendo las preferencias del paciente. Algunos autores advierten de los riesgos de potenciar en exceso la autonomía del paciente.

Algunos de los ***aspectos más ambiguos*** del proyecto serían los siguientes:

1. **Posible configuración de la sedación terminal como un derecho**.

Reconoce el "derecho de las personas a recibir sedación paliativa, aunque ello implique un acortamiento de la vida, mediante la administración de fármacos en las dosis y combinaciones requeridas para reducir su conciencia, con el fin de aliviar adecuadamente su sufrimiento o síntomas refractarios de tratamiento específico". No deja claro si en el inicio de la sedación predomina la decisión del paciente o la actuación del médico conforme a la *lex artis*; aunque en otros artículos sí queda claro que predomina la autonomía del paciente, en este caso (anteproyecto) el que indicaría la necesidad de sedación sería el médico, oída la opinión del paciente.

2. **El rechazo de tratamiento y la obstinación terapéutica**.

En el nuevo Código de Deontología Médica en su artículo 36.2 (Julio 2011), es una obligación del médico *" no emprender o continuar acciones diagnósticas o terapéuticas sin esperanza de beneficios para el enfermo, inútiles u obstinadas"*. La dificultad ahí reside en determinar qué atenciones de un enfermo en fase terminal pueden considerarse tratamientos y cuáles cuidados o atenciones ordinarias. En la profesión médica parece que existe consenso respecto al derecho a rechazar tratamientos, pero no ocurre lo mismo con los cuidados o atenciones ordinarias, ¿cuándo se podría rechazar una nutrición, cura, hidratación o medidas de higiene?, casi todos tenemos claro que esas atenciones no pueden dejar de ofrecerse al paciente, ya que se consideran de soporte vital. En el proyecto se indica que "podrán rechazar las intervenciones y tratamientos propuestos por los profesionales sanitarios, aún en los casos en que esta decisión pudiera tener el efecto de acortar su vida o ponerla en peligro inminente, salvo lo previsto por razones de salud pública en la ley 41/2002", **sin especificar si algún tratamiento sería de obligada administración**, como los cuidados básicos. Incluso en el artículo 17.2 se indica que "se adecuará el esfuerzo terapéutico de modo proporcional a la situación del paciente, evitando la adopción o mantenimiento de <u>intervenciones y medidas de soporte vital</u> carentes de utilidad clínica…" sin enumerar qué intervenciones serían rechazables y cuáles no.

Nos deberíamos preguntar lo siguiente: ¿qué hay que entender por: 1. intervenciones que el enfermo (o sus representantes) pueda rechazar; 2. medidas de soporte vital carentes de utilidad clínica; 3. actuaciones sanitarias que garanticen el cuidado y bienestar del enfermo? Ciertos autores reclaman que el médico pueda oponerse a la decisión del paciente o familiares de renunciar a atenciones mínimas, apelando a la *lex artis*, principio de no maleficencia, su autonomía y/o su conciencia personal, así como que no es admisible que el paciente permanezca ingresado, si éste no acepta las normas mínimas de la relación médico-paciente, sino que debería solicitar el alta voluntaria.

3. **Dignidad del enfermo y calidad de vida**.

En el documento se afirma que la Ley "se ocupa del proceso del final de la vida, concebido como un final próximo e irreversible, eventualmente doloroso y potencialmente lesivo de la dignidad de quién lo padece". Según ciertos autores, ninguna enfermedad merma o debería mermar la dignidad de la persona[27], pues ahí se confunde la dignidad con la calidad de vida.

4. **Ausencia de mención del derecho a la objeción de conciencia**.

Pese a que el autor afirma en repetidas ocasiones que con el texto se pretende exclusivamente salvaguardar los derechos del paciente en el final de su vida, y en ningún caso dar cabida a conductas eutanásicas o de contribución al suicidio asistido, no se menciona la objeción de conciencia, quizás porque si se mencionara, ¿podría dejar

---

[27] Martínez Otero J., Aznar J., et al (Observatorio de Bioética. Instituto de ciencias de la vida de la UCV). **"Comentarios al proyecto de ley reguladora de los derechos de la persona ante el proceso final de la vida"**. *Cuadernos de Bioética* XXII, 2011/3ª, 577-594.

entrever que ciertas actuaciones no fueran del todo lícitas?, es solo una reflexión en la que coinciden algunos autores. La introducción del concepto "objeción de conciencia" habría dependido de la interpretación de la jurisprudencia *pro-anti lex artis*.

4.2. Concepto de la muerte digna ¿legislación autonómica y ninguna estatal?

Otro concepto diferente es el de *muerte digna*, que merece una mención a parte. En España no existe ninguna legislación estatal específica sobre este tema, pero sí varias autonómicas[28]. Pionera fue la comunidad de Andalucía (2010), a la que le siguieron Aragón y Navarra (2011), Canarias, Baleares y Galicia (2015) y finalmente la más reciente en disponer de legislación propia ha sido la Comunidad de Madrid (2017). Éstas regulan la LET y la sedación, entre otros aspectos; en la exposición de motivos niegan que sea eutanasia lo que persiguen porque "*no buscan la muerte*"[29]. Los puntos comunes de la legislación sobre muerte digna son: los derechos a la información clínica verbal y escrita, a prestar un consentimiento así como a rechazar ciertas intervenciones, a tener documento de instrucciones previas; no olvidan que los menores también tienen derecho a decidir según su rango de edad y madurez; derecho a los cuidados paliativos así como que tienen en común cuáles son las obligaciones del médico (actuación conforme a la *lex artis*, información, comunicación, así como a solicitar ayuda y/u opinión de otros profesionales y una formación continua en la materia).

Todas las comunidades autónomas tienen a su vez registros de últimas voluntades. El Comité de Ministros del Consejo de Europa, concede gran importancia a este tipo de deseos y en su recomendación CM/Rec (2009)11 sobre los principios relativos a apoderamientos e instrucciones previas por incapacidad, se recomienda a los Estados miembros "promover la autodeterminación de los adultos capaces en el caso de futura incapacidad, mediante poderes o instrucciones previas[30].

---

[28] A. Martín Plaza. "La muerte digna en España: testamentos vitales, seis leyes autonómicas y ninguna estatal específica", < http://www.rtve.es/noticias/20151010/muerte-digna-espana-testamentos-vitales-seis-leyes-autonomicas-ninguna-estatal-especifica/1236142.shtml>, 2015 (20 de octubre de 2016).

[29] Agencia EFE. Diario digital 20 minutos. "El mapa de la muerte digna en España: cómo se regula y en qué comunidades autónomas", < http://m.20minutos.es/noticia/2571423/0/mapa-espana/muerte-digna-eutanasia/comunidades/>, 2015 (23 de noviembre de 2016).

[30] Dato extraído de la **"Guía para el proceso de toma de decisiones relativas al tratamiento médico en situaciones del final de la vida".** Comité de Bioética (DH-BIO) del Consejo de Europa. Noviembre 2014.

5. Limitación de esfuerzo terapéutico (LET) en Unidades de Cuidados Críticos.

En 1952, el anestesiólogo danés Björn Ibsen ("padre de la Medicina Intensiva y la ventilación mecánica moderna) se propuso atajar los efectos de la epidemia de poliomielitis empleando los sistemas de ventilación que se usaban para administrar la anestesia en los quirófanos[31]. Reunió a los afectados en una sala de la Facultad de Medicina y ordenó a los estudiantes (más de 1500 voluntarios) mantener la ventilación de forma manual (160000 horas), consiguiendo reducir la mortalidad del 90 al 15%; los pacientes fueron trasladados a una unidad especial (3 áreas de 35 camas), tal vez la primera Unidad de Cuidados Intensivos de la historia. Se calcula que en 3 meses se salvaron más de 100 vidas[32]. Ese parece ser, fue el nacimiento o los inicios de la medicina crítica. A partir de entonces, la medicina crítica fue capaz de sostener la función vital cardiorrespiratoria de aquellos conectados a máquinas de soporte vital. Este hito se ha traducido en un avance progresivo del estado de la ciencia que nos ha llevado a una situación en la que el mantenimiento de las funciones cardiorrespiratorias es posible hasta límites insospechados, por lo cual *las decisiones al final de la vida* se han convertido en uno de los puntos clave y que es preciso conocer y saber manejar adecuadamente en la medicina moderna. Como consecuencia de esto surge una de las decisiones al final de la vida, que observamos fundamentalmente en nuestras Unidades de Cuidados Críticos, la **Limitación del Esfuerzo Terapéutico o LET**.

Pese a la promoción de la autonomía y autodeterminación del paciente, todavía en Europa la relación médico-paciente es algo paternalista. Antiguamente, los pacientes morían en UCI tras recibir terapias extremadamente agresivas o desproporcionadas. Hemos pasado a cambios en la forma de morir y un abandono más temprano de las terapias fútiles de soporte. No se conoce con seguridad la incidencia de prácticas de LET en Europa, dado que faltan estudios. Debido a esto, se realizó un estudio prospectivo y observacional para conocer la frecuencia y tipos de práctica clínica al final de la vida (similitudes y diferencias entre UCIs de países europeos)[33]. La muestra contenía pacientes fallecidos o con limitación de la terapia. Se recogieron datos de

---

[31] De Lora P, Gascón M. **"Bioética, principios, desafíos, debates"**. Alianza editorial. Madrid. 2008: 238.

[32] Medicina, cuidados intensivos, bioética y más. Blog. Björn Aagen Ibser: el nacimiento de la Medicina Intensiva. < http://curaraveces.wordpress.com/2014/02/16/bjon-aagen-ibsen-el-nacimiento-de-la-medicina-intensiva >, 2014 (24 de Octubre 2016).

[33] Sprung Ch., Cohen S. et al. **"End-of-life practices in European Intensive Care Units. The Ethicus study"**. *JAMA*. 290 (VI); 2003: 790-797.

31417 pacientes de 37 UCIs entre 1999-2000 (13,5% fallecieron, y de estos a su vez un 72,6% recibieron LET). Existía diversidad en las causas de fallecimiento (5 categorías): RCP sin éxito 20%; muerte encefálica 8%; no inicio (*withholding*) de terapias 38%; retirada (*withdrawing*) de terapias 33%; acortamiento del proceso de morir 2% (por no llamarlo claramente eutanasia, ya que no esta legalizada en la mayoría de países europeos; siendo esto último realizado sólo en 7 países). Como conclusión se obtuvo que la LET en UCIs europeas es una práctica común y variable, estando asociada a la edad, patología aguda y crónica, número de días de ingreso en UCI, región y religión. Las dosis de BZD y opiáceos usadas (la asociación de fármacos más frecuente fue morfina con diazepam) tanto en LET como en acortamiento del proceso de morir, se encontraban en el mismo rango (las dosis eran similares a las usadas en estudios previos).

El objetivo de este estudio consistió en observar y describir prácticas al final de la vida en UCIs europeas, documentando variaciones (similitudes y diferencias encontradas). Se distinguieron 3 regiones específicas para el análisis de los datos:

- Norte (1505 pac 35,4%) (Dinamarca, Finlandia, Irlanda, Holanda, Suecia, UK)
- Centro (1209 pac 28,5%) (Austria, Bélgica, República Checa, Alemania, Suiza)
- Sur (1534 pac 36,1%) (Grecia, Israel, Italia, Portugal, España, Turquía)

También se registraron el número de ingresos en UCI por mes, sirviendo esto para categorizar el tamaño del servicio (pequeño < 30, mediano 31-60, grande > 61).

Se observó que en el sur la causa de morir era más frecuentemente la PCR. La estancia en UCI fue más corta en el norte, así como más corto el período de tiempo desde el ingreso hasta LET. Existieron diferencias en la actuación según la religión del médico, la retirada de soporte era más frecuente en católicos, sin filiación religiosa o protestantes. Las religiones de los pacientes eran: católicos 30%. Protestantes 24%, judíos 6%, griegos 6%, sin religión 3%.

A mayor estancia en UCI y mayor edad, más frecuente era no iniciar medidas o retirar medidas que PCR, sobre todo en los del norte y los más graves. El soporte vital se administró al 73% de los pacientes.

La LET fue más frecuente en aquellos con enfermedad aguda NRL, VIH y enf crónica.

Se observó una variabilidad en la actuación en los centros médicos, dentro de la misma ciudad incluso.

No se ha encontrado una diferencia ética entre no iniciar medidas de soporte o retirarlas[34] según los Códigos deontológico de ética médica de la actualidad, aunque entre los médicos no es una creencia universal y cuesta proceder a la segunda opción. Fue más frecuente y precoz la mortalidad en el grupo en que se retiraron las medidas de soporte, aunque quizás porque estos eran los más graves.

Las dosis de fármacos en acortamiento del proceso de morir fueron similares a las usadas para alivio de síntomas.

Alguna limitación de este estudio podría ser que quizás la muestra no fuera representativa de la población de UCI de cada país europeo.

Respecto a la visión de la LET desde el punto de vista del profesional, un estudio importante por sus hallazgos[35] fue el realizado para conocer las opiniones sobre la LET de los profesionales sanitarios que trabajaban en una unidad de cuidados intensivos. Se obtuvieron 65 encuestas válidas, posicionándose el 98% de los encuestados a favor de ella. Hasta un 28% de las respuestas consideró la LET como un tipo de eutanasia. Para el 52% de los encuestados, el factor que más peso debería tener al considerar LET sería el pronóstico de la enfermedad actual y para el 46% la calidad de vida futura. Sorprendentemente hasta un 35% no consideró la decisión de no ingreso en UCI como una forma de LET y tan sólo un 11% de los médicos consideraban LET como eutanasia pasiva. Pese a que la definición de LET se equipara a eutanasia pasiva, los profesionales rechazaban el asociar la eutanasia a LET porque en la LET es la evolución de la enfermedad lo que provoca la muerte del enfermo y no la actuación de profesional. El 77% tenían la creencia de que no era lo mismo no iniciar un nuevo tratamiento que retirar uno ya instaurado. En lo que existía mayor consenso era en que la familia debía tomar parte en la decisión de LET (94%) y que la decisión debía ser tomada por consenso del equipo (52%). Curiosamente hasta un 56% consideraban que una decisión de LET sería oportuna en un enfermo en el que la progresión de su enfermedad es

---

[34] Socias L, Poyo-Guerrero R. **"Process of life-sustaining treatment in general hospital: withholding and withdrawing"**. *Revista de Bioética y Derecho*. 22; 2011: 67-78 (pag 71: futilidad).

[35] González-Castro A., Azcune O., Peñasco Y. et al. **"Opinión de los profesionales de una unidad de cuidados intensivos sobre la limitación del esfuerzo terapéutico"**. *Revista de Calidad Asistencial*. 2016. <http://dx.doi.org/10.1016/j.cali.2015.12.007>.

consecuencia del incumplimiento terapéutico. Hasta un 49% de los encuestados desconocían la existencia de un protocolo de LET en el servicio. Solamente una persona de las 65 encuestadas disponía de documento de voluntades anticipadas. Al analizar las encuestas, observaron que la decisión solía estar influenciada por factores como la situación psicoemocional en la que se encontrara cada profesional en ese momento, las experiencias previas con la muerte (pacientes o familiares), los conocimientos sobre el proceso de morir o la destreza que se tuviera en afrontar experiencias límites, como es el final de la vida.

Otro de los estudios relativamente reciente, basado también en encuestas[36], reveló que tan sólo el 14,6% de los encuestados conocía el significado de LET, el 62% de los médicos tenía dificultad para tomar este tipo de decisiones y únicamente al 43% de los profesionales se les había enseñado el concepto de LET durante su formación.

Centrándonos ahora en la terminología, hay que remarcar lo desafortunado de la definición de LET, ya que en ningún caso finaliza el esfuerzo, sino que éste se traspasa a otras áreas que pueden requerir de mucho más esfuerzo como la sedación, analgesia, el apoyo psicológico, etc; áreas no tan médicas y de gran responsabilidad en el ámbito de la enfermería, de ahí la importancia del manejo multidisciplinar de estas situaciones.

Por los resultados observados en los diversos estudios revisados, es una práctica relativamente frecuente, aunque sin un consenso explícito en la toma de decisiones: bases éticas, legales, técnicas, quiénes participan en la toma de decisiones, grado de información y participación del paciente o familiar, y cómo se lleva a la práctica.

Las formas de LET en medicina intensiva son[37]: limitación del esfuerzo terapéutico, limitación de inicio de determinadas medidas de soporte vital o la retirada de éstas una vez instauradas.

---

[36] Restrepo BD, Cossio C, Ochoa F et al. **"Conocimientos, actitudes y prácticas frente a la limitación de esfuerzos terapéuticos en personal de salud de un hospital universitario"**. *Per Bioet*. 13; 2013; 216-26.

[37] Cabré L, Solsona JF et al. **"Limitación del esfuerzo terapéutico en medicina intensiva"**. *Med Intensiva* 26 (VI); 2002: 304-11.

Las decisiones en el contexto de los cuidados críticos se diferencian de otras decisiones médicas por su **urgencia**, su **contextualidad** (caso específico), la **incertidumbre pronóstica** existente en muchos casos y el **coste** que implican.

Algunos sistemas de puntuación de gravedad utilizados en pacientes críticos (*APACHE, SAPS, etc*) pueden ser útiles como una herramienta más para la toma de decisiones en éste sentido (orientativas respecto al pronóstico en base a unos estándares establecidos), pero **difícilmente son aplicables en casos individuales**.

Una vez que el paciente ha ingresado en un servicio de medicina intensiva (SMI), las decisiones de no iniciar soporte vital o retirarlo son complejas y difíciles para todos los integrantes del equipo sanitario[38].

En algunos países, está estandarizada la clasificación de pacientes reanimables y no reanimables desde el ingreso, escribiéndolo de forma visible por todos los profesionales en la historia clínica. En los cuidados críticos en nuestro país, más que poner una etiqueta desde el ingreso, lo que se hace es discutir de forma diaria la situación de los pacientes en la sesión clínica, que es donde se suelen y se deben tomar las decisiones de LET.

[39]Debemos no olvidar que la prolongación de la vida sin tener en cuenta su calidad puede no servir al mejor interés del paciente, y la lucha por prolongarla con medios artificiales puede llegar a ser una acción degradante que viole los principios éticos y, por tanto, sea incompatible con el respeto a la dignidad humana.

Hay que tener en cuenta a su vez, que el principio de respeto de la autonomía del paciente en la mayoría de los casos no se puede aplicar en cuidados intensivos, por no ser el paciente autónomo, ya que se encuentra en un estado de enfermedad que impide un adecuado nivel de conciencia para la toma de decisiones o por estar intubado y/o bajo la acción de fármacos sedantes que pueden alterar su función cognitiva. Por todo esto, la familia es una parte importante de nuestra responsabilidad como médicos porque, hay pocos sitios donde la familia sufre tanto y porque los pacientes críticos no pueden, en la mayoría de los casos, decidir por ellos mismos.

---

[38] Socias L., Poyo-Guerrero R. **"Process of life-sustaining treatment in general hospital: withholding and withdrawing"**. *Revista de Bioética y Derecho.* 22; 2011: 67-78.
[39]Cabré L, Solsona JF et al. **"Limitación del esfuerzo terapéutico en medicina intensiva"**. *Med Intensiva* 26 (VI);2002: 306

Los propios valores del médico son los que marcan las decisiones de la LET en muchas ocasiones, lo que es incorrecto desde el punto de vista ético y de la calidad de la asistencia. El **factor fundamental para la toma de decisiones** suele ser la **calidad de vida previa y la futura o predecible**. Los pacientes y los familiares suelen ser más optimistas respecto a su calidad de vida en comparación con los profesionales sanitarios, algo esperable dado el vínculo afectivo existente.

Una forma correcta de actuar sería seguir las siguientes pautas: 1) seguir declaraciones expresas que hubiera hecho el paciente anteriormente; 2) lo que decida el allegado más próximo o el designado por el paciente para tomar decisiones en caso de que el paciente se encuentre incapaz; 3) actuar en función de lo que más favorezca al enfermo, esto es, lo que le proporciona mayor bienestar.

Por esta dificultad de conocer las supuestas decisiones del paciente, los profesionales[40] de los cuidados críticos, coincidimos cada día más en que las instituciones sanitarias deberían ir admitiendo su obligación de informar y respetar la capacidad de decisión del paciente, elaborando políticas institucionales que fomentasen la adopción de últimas voluntades o la delegación de capacidad de decisión en albaceas, ya que esto facilitaría que se cumpliera la voluntad del paciente, así como nuestra labor como médicos en situaciones al final de la vida. Esto viene argumentado también porque cada día nuestra sociedad es más plural y es difícil estandarizar estas prácticas, por lo que un documento de voluntades anticipadas nos ayudaría enormemente.

Propuestas de actuación para la toma de decisiones de LET serían:
-   Decisión *ajustada al estado actual de la ciencia* (conocimiento), fundada en *medicina basada en la evidencia* y actuar correctamente.
-   Decisión *discutida colectivamente*, tomada por *consenso*. Si un miembro del equipo duda, postponer la decisión o apartar a ese profesional.
-   *Informar y consultar a los familiares siempre*, intentando alcanzar un *acuerdo*. No responsabilizar a la familia de la toma de decisiones.

---

[40] Giacomini M. et al. **"Decisión tools for life support: a review and policy analysis"**. *Crit Care Med*; 34, 2006: 864-870.

- No ingresar a un paciente en una UCI es una forma de LET. Procurar que los médicos de atención primaria, etc, aconsejen-*informen* a pacientes crónicos *sobre las instrucciones previas*.

No podemos perder de vista que todas las acciones llevadas a cabo en las situaciones al final de la vida, pueden conllevar efectos no deseados, colaterales. Se ha hablado de la *"doctrina del doble efecto"*, esto es, una acción positiva conlleva efectos negativos (p. ej una medicación sedante-analgésica para reducir el sufrimiento puede producir depresión respiratoria con acortamiento de la vida, sin ser éste el fin perseguido). Las acciones con "doble efecto" son lícitas si se cumplen las siguientes condiciones:

1. La acción en sí misma –prescindiendo de sus efectos- es buena o al menos indiferente.

2. El fin del médico es obtener el efecto bueno y se limita a permitir o tolerar el malo.

3. El efecto primero e inmediato que se sigue es el bueno. El médico no busca el efecto malo como un medio para alcanzar el bueno, o sea el efecto bueno no es consecuencia del malo.

4. El efecto bueno es mejor, o al menos equivalente en importancia al efecto malo y no hay una forma mejor de obtenerlo. Existe una causa proporcionalmente grave para actuar de esta forma[41].

La comprensión de estos efectos por parte del paciente y los familiares se facilita con una buena relación médico-paciente-familia, fundamental en estos casos, de ahí se deriva que la atención al final de la vida requiere de una cultura médica y ética sólida, de rectitud moral y de experiencia en humanidad, protegiendo siempre el mejor interés del paciente (ante una decisión compleja y poco consensuada, no perder de vista que *"es mejor equivocarse a favor de la vida"*).

No hay que olvidar que los cuidados al final de la vida no acaban con el fallecimiento del paciente, sino que continúan tras el mismo con **programas integrales de duelo** para apoyar a las familias y las necesidades del personal clínico.

---

[41] Ortún V, Rodríguez F. **"De la efectividad clínica a la eficiencia social"**. *Med Clin* . 95. 1990; 385-8.

6. Sentencias con repercusión mediática en España relacionadas con la eutanasia y/o limitación de esfuerzo terapéutico (LET).

Entre los casos destacables, polémicos o que más atractivo en los medios audiovisuales han generado, como ejemplo de cada tipo de proceso al final de la vida, mostramos los siguientes:

Caso Inmaculada Echevarría: Diagnosticada a los 11 años de distrofia muscular progresiva, a partir de los 30 años se encontraba en estado de inmovilidad prácticamente completa, pudiendo mover solamente los dedos de las manos y los pies, manteniendo nivel de conciencia y capacidad intelectual aceptable durante todo el proceso de su enfermedad, comunicándose con facilidad con las personas de su entorno. Se procedió a la desconexión del respirador (a petición de la propia paciente) previa sedación, produciéndose el fallecimiento de la misma a los 3 minutos (14 marzo 2007)[42]. Las actuaciones llevadas a cabo en este caso, se consideraron **eutanasia pasiva o limitación del esfuerzo terapéutico**, previo discernimiento de si el acto de mantener conectada a un respirador era un medio desproporcionado a su situación clínica o un remedio terapéutico acorde a su situación. Se consideró inmoral hacer permanecer a la paciente es esa situación de *"ensañamiento terapéutico"*. Hay que tener en cuenta que en el momento en que la paciente solicitó la retirada del respirador, no fue porque hubiera sufrido empeoramiento clínico. Hay una disparidad de opiniones en cuanto a si se trató de eutanasia o LET.

Se le plantearon al Consejo Consultivo de Andalucía dos cuestiones bien determinadas[43]: por un lado, si la solicitud de limitación de esfuerzo terapéutico y la negativa al tratamiento con ventilación mecánica efectuada por Inmaculada Echevarría, podría considerarse adecuada al derecho; y, por otro lado, si, en tal caso, la actuación de los profesionales sanitarios podría considerarse punible desde un punto de vista jurídico. Tras una resolución favorable, emitida por la Comisión Autonómica de Ética e Investigación Sanitarias, el Consejo Consultivo de Andalucía, en su dictamen número 90/07, casi por unanimidad, determinó que ambos comportamientos eran conformes al derecho. El Consejo estimó amparadas jurídicamente ambas conductas por la

---

[42] Aznar J., Cerdá G. et al (Observatorio de Bioética de la UCV). **"Inmaculada Echevarría, ¿eutanasia o limitación legítima del esfuerzo terapéutico?"** *Cuadernos de Bioética* XXI, 2010/2ª, 248-255.
[43] J.Aznar (Observatorio de Bioética del Instituto de Ciencias de la Vida de la Universidad Católica de Valencia). "Informe: Inmaculada Echevarría". < http://www.condignidad.org/informe-inmaculada-echevarria.html>, 2010, (3 de diciembre de 2016).

Jurisprudencia (diversas sentencias de nuestro Tribunal Constitucional), por el Derecho supranacional (Declaración Universal de Derechos Humanos y Convenio de Oviedo), por el Derecho comparado (Ley Fundamental de la República Federal de Alemania y Constituciones italiana y portuguesa) y por determinadas leyes estatales (Constitución Española, Ley 41/2002 y Código Penal) y autonómicas (Ley 2/1998 de Salud de Andalucía). El Consejo calificó dicha conducta como omisiva e indirecta (eutanasia pasiva indirecta).

<u>Caso Ramón Sampedro</u>: Fue la primera petición de "eutanasia activa directa" ante los tribunales en España, presentada en Barcelona por el procedimiento de jurisdicción voluntaria, el 30 de abril de 1993, solicitando[44]: *"que, puesto que él se encuentra imposibilitado para quitarse la vida, autorice a su médico de cabecera a suministrarle los medicamentos necesarios para morir sin dolor y que se respetase su derecho a no ingerir alimento por medios naturales ni artificiales"*. El Magistrado competente del Juzgado de Primera Instancia no lo admite a trámite, por lo que el solicitante presenta recurso de apelación ante la Audiencia Provincial de Barcelona, que desestima el recurso el 28 de Febrero de 1994 por incompetencia territorial al igual que en primera instancia, motivo por el que se interpuso un recurso de amparo ante el Tribunal Constitucional. La fundamentación de este alto tribunal resuelve algunas cuestiones:

- La Constitución no reconoce explícitamente el derecho a morir con dignidad, pero sí de forma implícita se deduce del art. 15, del 19 y del derecho al libre desarrollo de la personalidad.
- Sólo la vida deseada libremente puede merecer calificativo de bien jurídico protegido, por lo que no hay un deber de vivir contra la voluntad personal de no hacerlo.
- La decisión libre y consciente de una persona en plenitud de sus facultades psíquicas, al margen de cualquier presión externa, de poner fin a su vida, nunca puede ser castigada o impedida por el Derecho.
- Cuestión aparte es la intervención de un tercero en el hecho de la muerte. Considerando que la ayuda para intervenir en la misma por parte del médico de cabecera es contraria a derecho.

---

[44] A. Morales. "La eutanasia en el momento actual". < http://www.paliativossinfronteras.com/upload/publica/libros/Alivio-situaciones-dificiles/17-EUTANASIA-EN-EL-MOMENTO-ACTUAL-Morales.pdf>, 2005, (3 de diciembre de 2016).

Finalmente tras ingerir cianuro, apareció muerto a los 55 años, 29 de los cuales había pasado postrado en cama. Ramona Maneiro, compañera y amiga de éste último, confesó en público que fue ella quien midió el cianuro, lo disolvió en agua y lo acercó a los labios de Sampedro.

Constituiría un supuesto de **auxilio con cooperación necesaria al suicidio.**

La persona que le ayudó no fue juzgada, ya que cuando confesó su actuación, el delito había prescrito.

Caso Andrea (Galicia): Era una niña gallega de 12 años que padecía una enfermedad degenerativa irreversible[45]. Pese a la existencia en Galicia de una ley sobre muerte digna desde 2015 (ley 5/2015), los padres tuvieron que acudir a la justicia para que la menor fuera sometida a sedación paliativa y retirada de la sonda de alimentación. El caso se puso en manos del Comité de Ética Asistencial gallego y pese a que éste aconsejaba retirar el soporte vital que la mantenía con vida porque la menor se encontraba en una situación límite e irreversible (siendo solicitado esto a su vez por los padres), el servicio de pediatría de este hospital se negaba a acatar dicho procedimiento. Observamos una falta de consenso clara en el caso entre la familia y los profesionales. Quizás influyeron las creencias de los profesionales implicados, aunque finalmente el equipo médico accedió a la petición (probablemente influidos porque magistrados del Juzgado de Primera Instancia de Santiago, solicitaron el expediente clínico completo y exigieron un reconocimiento por el forense para que determinara si el soporte vital al que estaba conectada Andrea "conducía a prolongar innecesariamente su agonía", pidiendo que especificara si la enfermedad era "irreversible, incurable y terminal" y quizás parcialmente influidos por la presión mediática). El equipo médico aludió que los cambios en su postura se vieron influidos por cambios en el estado de salud de la paciente. Los padres se vieron amparados a su vez porque la ley sobre muerte digna vigente en dicha comunidad no contempla la objeción médica en las decisiones al final de la vida, porque en ningún caso se habla de eutanasia en dicha ley. La niña falleció en octubre de ese mismo año tras retirada de la alimentación artificial, pudiendo considerarse claramente **limitación del esfuerzo terapéutico** (modalidad retirada de medidas) dicha actuación. Este caso sentó un precedente para los menores en estas

---

[45] Periódico digital La Vanguardia (no autor específico). "Muere Andrea, la niña para la cual sus padres pedían una muerte digna". < http://www.lavanguardia.com/vida/20151009/54437131648/andrea.html>, 2015, (3 de diciembre de 2016).

situaciones en España, no sin la correspondiente polémica, ya que organizaciones fundamentalmente de carácter religioso[46], opinaban que nadie podía renunciar a un tratamiento medico para lograr un fin contrario a nuestro ordenamiento jurídico, menos aún cuando objeto de éste era el poner fin a la vida de un tercero.

Caso Madelaine Z: era una mujer de origen francés de 69 años[47], viuda, madre de un hijo de 35 años, y padecía esclerosis lateral amniotrófica (ELA) desde 2003. Según sus propias palabras, quería *"dejar de no vivir. Esto no es vida"*, su miedo explicado en varias entrevistas era quedarse *"inválida"*[48]. Finalmente se quitó la vida en su casa acompañada por voluntarios de la Asociación de Derecho a Morir Dignamente (DMD)[49], que promueve el derecho de toda persona a disponer con libertad de su cuerpo y de su vida, y a elegir libre y legalmente el momento y los medios para finalizarla. El Juzgado número 7 de Alicante y la Policía investigaron los hechos. Valorando el caso, nos encontramos con que el calificativo a esta forma de morir sería un **suicidio** *sin apellidos*, puesto que la señora lo prepara todo premeditadamente y la sustancia que le induce la muerte la compra ella por sus propios medios, ya que todavía no se encontraba completamente incapaz; la asociación lo único que hizo fue suministrar una Guía de *"autoliberación"* elaborada por médicos y revisada por juristas pertenecientes a dicha asociación y ellos alegaron que *"el suicidio es impune en España y dar información también lo es"*.

---

[46] M. Albert. Observatorio de Bioética. Universidad Católica de Valencia. < http://www.observatoriobioetica.org/2015/10/caso-andrea-analisis-juridico-que-pretende-contribuir-a-su-recta-comprension/10095>, 2015, (3 de diciembre de 2016).

[47] Sin autor definido, < http://www.20minutos.es/noticia/192390/0/eutanasia/alicante/dignidad/>, 2007, (6 de Diciembre 2016).

[48] A. Alfageme. El final de la vida "Quiero dejar de no vivir." Una mujer con una enfermedad degenerativa se quita la vida acompañada por dos voluntarios". <http://www.elpais.com/diario/2007/01/17/sociedad/1168988401_850215.html >, 2007, (6 de Diciembre 2016).

[49] Asociación Federal sobre el derecho a morir dignamente, **"Eutanasia y suicidio asistido en el mundo"**, < http://www.eutanasia.ws/eutanasia_mundo.html> (no aparece fecha de publicación), (3 de Agosto de 2016).

7.   A propósito de la limitación de esfuerzo terapéutico (LET): Actuación en nuestra Unidad de Cuidados Críticos-Reanimación ante casos en los que se procede a limitar el esfuerzo terapéutico. Toma de decisiones.

Para mostrar un ejemplo de nuestro modo de actuación en equipo ante una decisión de LET y los lectores/pacientes se puedan hacer una idea de cómo se lleva a cabo dicho procedimiento, presento el caso clínico de un paciente varón de 62 años, pluripatológico (diabético, hipertenso, SAOS, patología psiquiátrica previa, mal cumplimiento terapéutico, intento autolítico previo), con escaso apoyo familiar aparente en la primera impresión (solo acompañado por familiar en tercer grado con escasa implicación), que a su llegada al hospital refiere que el paciente vive en otra planta distinta de su madre que es la única familiar con la que convive, y que los "otros familiares" no se han preocupado de subir a ver como se encontraba. Tras darse cuenta de que varios días después no bajaba a la planta inferior, suben y lo encuentran en situación de gravedad extrema, siendo traído a Urgencias por el 112, con mal cuidado físico (obesidad mórbida, abotargamiento facial, estado de suciedad corporal extremo, ausencia de cuidado físico) por dificultad respiratoria severa (insuficiencia respiratoria, con altas necesidades de oxígeno suplementario) e inestabilidad hemodinámica (hipotensión franca y signos de mala perfusión periférica que precisan de drogas vasoactivas para su mantenimiento cardiovascular). Se realizan, a la llegada del paciente a Urgencias, las pruebas diagnósticas pertinentes y se le administra el tratamiento preciso para tratar el cuadro clínico con el diagnóstico inicial de una aparente sobrecarga hídrica por insuficiencia cardiaca que provoca la hipoxemia (falta de oxígeno). Dada la situación de gravedad del paciente, nos avisan (Médico de guardia de la Unidad de Cuidados Críticos) para valoración de ingreso del paciente en nuestra unidad.

Lo primero que realizamos fue aportar *in situ* los medios terapéuticos necesarios para que la situación clínico-analítica del paciente mejorara, aportando ventilación mecánica no invasiva, mediante máscara facial con elevado soporte de la misma y altos flujos de oxígeno, se le canalizaron las venas necesarias para administrar fármacos vasoactivos que intentaran mejorar el estado hemodinámico del paciente, y una vez revisadas la historia clínica previa, antecedentes personales y estabilizado el paciente, procedimos a comprobar el estado basal del paciente, en lo referente a calidad de vida, situación física, apoyo familiar, etc. El paciente no se encontraba inconsciente, pero dada la insuficiencia respiratoria, retenía un elevado nivel de CO2 que le impedía decidir consciente y coherentemente sobre su estado, por lo que nos dispusimos a dialogar con la familia e informarles del estado. El único familiar que se encontraba en ese momento presente era un familiar de 3er grado (primo lejano del paciente), que apenas conocía datos sobre los últimos días previos al ingreso, quien nos comentó que el paciente vivía con su madre, una anciana con Enfermedad de Alzheimer a la que *"supuestamente"* él cuidaba; nos contó que la madre del paciente le dijo que hacia más de 1 semana que el paciente no bajaba a la planta de abajo, y que tampoco ningún familiar había subido a ver como estaba, lo que nos hizo dudar del apoyo familiar (además nos contó que tenía problemas de enolismo). Pese a conocer esos datos, en ningún momento se le retiró el apoyo al paciente, sino que mantuvimos todas las medidas hasta que apareciera otro familiar más cercano, que en este caso fue una hermana del mismo. Ésta también relataba que socialmente tenía dificultades de comunicación y se encontraba en una situación de aislamiento social y con adicción al alcohol e ingesta excesiva, que pese a sus repetidos consejos y valoración por psiquiatría en múltiples ocasiones, no habían conseguido controlar ni revertir.

El estado físico del paciente no correspondía en nada con la edad real física del mismo, con un deterioro casi terminal, por lo que le expliqué las escasas posibilidades de supervivencia del mismo, así como las posibles complicaciones derivadas de su ingreso en UCI, expuse mi actitud y/o postura sobre no progresar con medidas invasivas dada la situación del paciente, aportando las medidas menos agresivas posibles, aunque sin descartar que si en algún momento el paciente mostraba signos de mejoría clínica escalaríamos tratamiento en orden ascendente; la hermana se encontraba de acuerdo con mi posición, pero me indicó que el paciente tenía 4 hijos que llegarían a lo largo de la tarde, por lo que mantuvimos todas las medidas, con las que mostró una escasa inicial mejoría, hasta la llegada de los hijos.

Nos dispusimos a entablar un diálogo con ellos, en un lugar adecuado, con una escucha activa y empatía, para conocer la situación basal de su padre, así como su relación, su carácter, actividad diaria y cumplimiento terapéutico, expusimos nuestra perspectiva del caso y nuestra actitud ante el mismo, dejando la puerta abierta a que ellos mostraran los posibles deseos que su padre hubiera podido comentar cuando se encontraba en situación basal, así como la opinión de ellos al respecto.

De forma conjunta, dada la edad del paciente y la mejoría inicial del mismo con las medidas iniciadas, decidimos ingresar al paciente, para ensayo terapéutico de 24-48 h (el ensayo terapéutico consiste en administrar las medidas máximas posibles de tratamiento para intentar por todos los medios que responda al mismo durante un período de tiempo limitado, en aquellos casos en que existen dudas fehacientes de que la situación pueda mejorar), pudiendo decidir progresar a IOT, sin descartarla o contraindicarla completamente por nuestra parte. El paciente respiratoriamente se deterioró por lo que tras informar de nuevo a la familia, se optó por intubación orotraqueal y conexión a ventilación mecánica, pasando a aportar todos los medios necesarios para la curación del paciente, pese a sus escasas opciones de mejora. Se intentó destete (retirada progresiva) de ventilación mecánica, realizando traqueostomía, pero progresivamente el paciente se fue deteriorando tras una mejoría inicial y tras 30 días de ingreso y deterioro irreversible en los 3 días previos, se habla con la familia y se decide LET. A partir de ese momento, se mantiene sueroterapia, alimentación por SNG, cuidados de higiene, monitorización y se mantiene aporte de oxígeno mediante ventilación mecánica (se opta por la modalidad de no inicio de nuevas medidas de soporte) y la sedación mínima para el confort del paciente. Finalmente el paciente sufre parada cardiorrespiratoria y fallece.

Analizando el proceso, en todo momento desde el conocimiento de la situación de irreversibilidad del proceso, se estableció una relación de **comunicación intensa con los familiares, facilitando el acompañamiento** al paciente en todo momento, con una adecuado **registro de la decisión en la historia clínica** del paciente, tomando una **decisión colectiva** (familiares, médicos y resto de personal de cuidados (enfermería)), con un **acuerdo unánime**.

De nuestra actuación se deduce nuestro protocolo o forma de actuar habitual. Para llevarlo a cabo de una forma correcta, es fundamental que los profesionales y la institución en la que desempeñan su labor profesional, estén implicados en la formación en Bioética y en concreto en este caso en las situaciones al final de la vida.

Primeramente, debemos **suministrar toda la información relativa al proceso**, ya que para ejercer la autonomía de decidir, primero hay que recibir información.

Hay que **proteger la dignidad y la identidad de todo ser humano sin discriminación**[50]. Afortunadamente en nuestro país las leyes protegen los derechos fundamentales en una situación de especial fragilidad.

No olvidar **preguntar por el documento de voluntades anticipadas o instrucciones previas** (aunque el porcentaje de población que lo tiene hecho sea muy pequeño en la actualidad).

Ante todo, dar **soporte para intentar estabilizar a todo paciente en situación clínica inestable** hasta conocer sus antecedentes personales detallados, apoyo familiar o situación basal del mismo (siempre estaremos a tiempo de retirarlo si es preciso, hacer lo contrario es éticamente incorrecto y va en contra de la *lex artis* y la buena práctica médica).

Las **escalas de gravedad** que manejamos en cuidados críticos **no** deben ser aplicadas **para decidir individualmente** sobre el ingreso (les faltan conceptos subjetivos que hay que valorar en estos casos, como por ejemplo la respuesta individual al tratamiento).

La **comunicación y la empatía** es fundamental en este tipo de situaciones al final de la vida (reflejo de haber pasado de un modelo paternalista a un modelo de autonomía del paciente, aunque lo "más acertado" es un adecuado equilibrio entre los dos).

En **ningún momento se debe juzgar a los familiares ni al propio paciente** por la situación a su llegada a Urgencias ni establecer prejuicios, lo mejor es tratar de **ponernos en el lugar del paciente y de sus familiares** e intentar entender la situación.

Hacer que los familiares se sientan parte importante y necesaria del proceso. Se han definido indicadores de calidad al final de la vida en las UCIs como[51]:

- la toma de decisiones centrada en el paciente y su familia;
- adecuada comunicación equipo-paciente-familia;

---

[50] Figura en el Convenio Europeo de los derechos humanos Oviedo 1997, artículo 1; así como en la Ley 41/2002 de Autonomía del Paciente, en la que el artículo 3 habla del respeto a la dignidad de la persona humana, a su autonomía y a su intimidad.

[51] Cabré L, Solsona JF et al. **"Limitación del esfuerzo terapéutico en medicina intensiva"**. *Med Intensiva* 26 (VI); 2002: 304-11.

- continuidad de los cuidados;
- apoyo emocional y práctico de las familias;
- manejo de los síntomas y cuidados de confort;
- apoyo espiritual;
- apoyo organizativo y emocional al personal de UCI.

Ninguna decisión es definitiva, en todo momento se deben valorar las decisiones de forma **dinámica en base a la evolución clínica** del paciente (inicialmente no LET pero posteriormente sí).

Ante cualquier **duda del equipo o familiares**, es más conveniente realizar un **ensayo terapéutico durante 24-48 h para ver la respuesta del paciente** a las medidas (ya que siempre estaremos a tiempo de parar, evitando una decisión que podría perjudicar a algunos pacientes).

No debemos olvidar, que una vez **iniciadas ciertas medidas, si consideramos alguna de ellas fútil, debemos retirarla**, éticamente es lo mismo no iniciar medidas que retirar aquellas que son inútiles[52] (en una revisión sistemática sobre estas decisiones, en 28 de los 29 documentos revisados se concluyó que las dos prácticas eran ética o legalmente equivalentes)[53]. Se ha observado que en la utilización de un método u otro no hay diferencias en las consecuencias para el paciente, en las intenciones del médico, en la causa última de la muerte ni en la responsabilidad moral del médico en su decisión.

Siempre debemos **pensar en el pronóstico del paciente y sobre todo en la "supuesta" calidad de vida del mismo después del proceso**, ya que esta es una de las valoraciones principales en la literatura a la hora de plantear o decidir LET.

La **escasez de medios físicos no puede ser la parte más importante nunca** en una decisión de estas características, se intentará derivar al paciente a un centro con disponibilidad (principio de justicia).

En todo momento se debe **registrar en la historia del paciente las decisiones de este tipo**, así como el diálogo con los familiares y la medicación que se inicia o se retira, con la firma del médico que realiza cada medida (formulario escrito específico: tabla 2).

---

[52] Wilkinson DJC, Savulescu J. **"A costly separation between withdrawing and withholding treatment in intensive care"**. *Bioethics*; 28 (III); 2014: 127-137.

[53] Giacomini M. et al. "Decisión tools for life support: a review and policy analysis". *Crit Care Med*; 34, 2006: 864-870.

Es fundamental que **todos los componentes del equipo médico persigan el mismo objetivo y lleguen a un acuerdo (consenso)**[54], si alguien no estuviera de acuerdo se apartaría del proceso (objeción de conciencia). Los familiares deben observar unidad en las decisiones del equipo para también estar de acuerdo y establecer una relación de confianza.

No hay que responsabilizar a la familia de la toma de decisiones.

Una vez que se toma la decisión de LET, **no se debe intentar adelantar el proceso de morir** mediante medicación sedante a dosis exageradas (en todo momento se mantendrán las mismas dosis que para el resto de pacientes, salvo que se trate de una situación terminal, sedación en las que si que serán más elevadas, con un incremento progresivo) (es fundamental diferenciar sedación paliativa de sedación terminal[55], ya que en esta última no debe considerarse un límite máximo de dosis), usar la **mínima dosis eficaz para tratar síntomas refractarios** como dolor, ansiedad o disnea, monitorizando la sedación del paciente con escalas como la de Ramsay[56]. En **ningún caso se administrarán fármacos que adelanten el proceso de morir**, estableciendo un plan.

La secuencia de actuación suele ser la siguiente: iniciar analgesia y sedación, posteriormente retirada de drogas vasoactivas, destete de ventilación mecánica, para después retirar otros tratamientos invasivos, evitando siempre la retirada precipitada del tratamiento y una muerte dolorosa.

Existen tres tipos de LET: limitar el ingreso en UCI, no escalar tratamiento o retirar el tratamiento (ya nombrados previamente).

Tras decidir LET, se procurará **buscar los procedimientos diagnóstico-terapéuticos menos cruentos y dolorosos, evitando a su vez la medicina defensiva.**

Prestar **siempre consentimiento informado de todos los procedimientos a realizar,** en los específicos será escrito (intervenciones qx procedimientos invasivos, etc) en el resto será verbal, respetando en todo momento la confidencialidad del proceso.

---

[54] Comité de Bioética (DH-BIO) del Consejo de Europa. **"Guía para el proceso de toma de decisiones relativas al tratamiento médico en situaciones del final de la vida".** Noviembre 2014.

[55] Consejo General de Colegios Médicos (Organización Médica Colegial de España). **"Declaración realizada por la Comisión Central de Deontología y Derecho Médico "Ética de la sedación en la agonía".** 21 de Febrero de 2009.

[56] Escala de Ramsay: evaluación del nivel de sedación: Nivel 1: paciente agitado y angustiado; Nivel 2: tranquilo, orientado y colaborador; Nivel 3: respuesta a estímulos verbales; Nivel 4: respuesta lenta a la luz; Nivel 5: ausencia de respuesta.

En caso de no llegar a acuerdo entre los profesionales y/o la familia, es conveniente tener en cuenta las recomendaciones del **Comité de Ética Asistencial** del centro (decisión no vinculante).

En caso de **futilidad demostrada** se podría **limitar o discontinuar el tratamiento incluso en contra de los deseos de los familiares.**

En **ningún momento se va a abandonar al paciente**, sino que se cambia el tipo de tratamiento a administrar persistiendo los cuidados básicos, encaminado a **garantizar el máximo bienestar posible**, algo que hay que explicar claramente a los familiares.

El **ambiente** debe ser **silencioso** y si es posible trasladar a una **habitación individual**.

Los profesionales no deben acceder a todo tipo de tratamiento que solicite la familia, aunque sea fútil.

Hay que **respetar y aceptar el derecho del enfermo a rechazar cualquier actuación** aunque esté indicada médicamente, lo único que podríamos hacer es intentar convencerle de la oportunidad de aceptarlo, respetando la decisión última.

En definitiva, hay que **<u>perseguir siempre el mejor interés del paciente</u>**. En nuestra unidad, se suelen evaluar los resultados a posteriori para mejorar el procedimiento.

Para llegar a este modo de actuación ordenado y consensuado se han revisado las formas de actuar en otras UCIs españolas y europeas, extrayendo algunas conclusiones de los mismos, como que los principales motivos para limitar el ingreso en UCI en España son la presencia de enfermedad crónica severa, respeto a las voluntades anticipadas del paciente, limitación funcional previa y la futilidad cualitativa.

En algunas encuestas realizadas a profesionales, en realidad solo se acepta mayoritariamente la retirada de soporte vital por razones de "futilidad fisiológica" como la muerte cerebral, fracaso multiorgánico de tres o más órganos durante más de cuatro días y un estado vegetativo persistente. Previo a retirar medidas, estos se plantean una serie de preguntas como: ¿se ha solucionado la causa que motivó el ingreso? ¿mantiene drogas vasoactivas durante más de 7 días? ¿Existen uno o más órganos en fallo y durante cuántos días? ¿El mantenimiento de tratamiento actual aportará mejora al paciente?

Disponemos de un documento en el que anotamos todas las decisiones importantes que se tomen en situaciones de LET:

DOCUMENTO DE LIMITACIÓN DE TRATAMIENTOS DE SOPORTE VITAL				
Hospital: Servicio:		Identificación del paciente		
Órdenes de Limitación de tratamientos de soporte vital				
		FECHA	MÉDICO RESPONSABLE	FIRMA
1. En caso de paro cardiorrespiratorio NO iniciar medidas de RCP				
2. Otras limitaciones de tratamiento • No intubación • No diálisis • No transfusión • No fármacos vasoactivos • No nutrición artificial				
3. Mantener el tratamiento iniciado sin aumentarlo ni iniciar nuevo tratamiento (salvo paliativo)				
4. Retirada de Tratamientos de Soporte Vital • Diálisis • Fármacos vasoactivos • Ventilación mecánica				
5. Rescisión de las órdenes anteriores.				

Tabla 2. Documento de limitación de tratamiento de soporte vital.

8. Conclusiones y opinión personal.

Tras analizar los resultados de la amplia revisión realizada, y como decían nuestros sabios abuelos, llegamos a la conclusión de que *"la ignorancia es el mayor problema de nuestra sociedad"*, en particular sobre los temas que nos conciernen. Nos damos cuenta de que ciertos artículos[57], son demasiado bruscos, incluso utilizan la demagogia para guiar al lector hacia sus propios pensamientos, hablando a su vez desde la inexperiencia y la desinformación, orientado (aunque en algún momento intenten camuflarlo) hacia las creencias religiosas del autor. Ningún tipo de eutanasia en ningún momento y en ninguna circunstancia, valga la redundancia, les parece correcta, es más "equiparan el suicidio a la eutanasia" sin contemplaciones, catalogándolo de una acción inmoral, y yo me pregunto ¿qué poder tienen a caso esos autores para calificar las decisiones de una persona que se encuentra en la situación de sufrimiento más insoportable de sus vidas?, máxime cuando se trata de algo irreversible. No es ético catalogar como un monstruo al que solicita estas técnicas. Comentan que la eutanasia sería *un capricho con riesgo de convertirse en ley*". Considero, desde mi juventud y desde mi experiencia laboral (tras enfrentarme prácticamente a diario con pacientes que sufren el proceso de morir y que en ocasiones, por decisiones de familiares y médicas incluso, mueren sin dignidad) que la **protección absoluta** del **derecho a la vida** es algo **anticuado**. En un país y una sanidad en la que cada día se valora y prima más la autonomía del paciente, ¿qué hay de malo en que alguien elija libremente morir porque el mero hecho de existir es un sufrimiento insoportable?

Multitud de religiosos califican el derecho a la vida como "irrenunciable", ¿por qué? Algunos de ellos asocian la eutanasia con el nazismo como si se tratara de un proceso radical de selección de los más fuertes y eliminación del débil[58], como si de la Teoría de la Evolución de Darwin se tratara. Por supuesto, no se tiene en cuenta la autodeterminación, la autonomía de la persona, sino que se sigue pensando como antaño en el *"que sea lo que Dios quiera"*, llegando incluso a decir que puede ser indigno del hombre rechazar el dolor (literal algunos comentan que *"el sufrimiento aceptado puede tener un valor positivo para la afirmación de la personalidad humana"* o *"sin el sufrimiento, las personas no habrían adquirido la fortaleza de ánimo que poseen"* o que *"el dolor puede ayudar a llevar dignamente la muerte"*). Muestran rasgos de hipocresía en sus palabras, ya que no se han encontrado en dicha situación del final de la vida nunca. Se dignan a hablar incluso de que los mayores se asustan ante la posibilidad de ser eliminados cuando sean una carga, algo que en ninguna legislación de países en los

---

[57] R. Termes. "Reflexión moral sobre la eutanasia". <http://elpais.com/diario/1995/12/04/opinion/818031606_850215.html>, 1995, (14 de Julio de 2016).
[58] Vega Gutiérrez J. **"Eutanasia: una "pendiente resbaladiza". Problemas éticos ante la legalización"**. *Cuadernos de* Bioética XX, 2009/1ª, 111-112.

que está legalizada la eutanasia se contempla, e incluso se penalizan dichas prácticas, hablando desde la completa desinformación e ignorancia sobre el tema.

A lo anterior se añade el problema permanente de la Iglesia católica, siempre opuesta a la legalización y también el rechazo parcial por parte de ciertos miembros de la profesión médica, aunque esto último quizás podría explicarse o justificarse por: el deseo de preservar la vida, la intención de prevenir el suicidio, proteger a terceros inocentes y mantener la integridad de la profesión médica

Hoy en día en España, la eutanasia sigue siendo reprobada por el derecho, pero eso no excluye la necesidad de respeto a la autonomía de la persona y la solidaridad con el que sufre. No hay que olvidarse de que pese al auge de los cuidados paliativos, aún administrando estos, todavía pueden existir pacientes que presenten un sufrimiento insoportable y para los que su vida haya perdido el sentido. En mi opinión, es imprescindible una adecuada conexión entre la eutanasia y los cuidados paliativos (la eutanasia debería formar parte de los cuidados paliativos como la última opción posible en situaciones de sufrimiento insoportable).

El diálogo y el respeto son palabras clave en el tema de la eutanasia. La relación con el paciente debe ser honesta, participativa, abierta, con máximo respeto a las creencias del paciente puesto que la concepción tradicional de la muerte varía entre las diferentes sociedades y culturas.
Considero que aquellos que se oponen a su legalización no son conscientes de que en muchos países puede estar teniendo lugar su aplicación de forma clandestina, incluso antes de que se legalice su práctica (como sucedió en Holanda y Bélgica), por lo tanto no se trataría tanto de "introducir" una práctica nueva, sino de regular algo que ya se haría clandestinamente y sin garantías suficientes. En los escasos ordenamientos jurídicos en los que se ha despenalizado la eutanasia, el camino comenzó con la aplicación del principio de oportunidad por parte de la fiscalía, generando una despenalización del facto que luego llevó a la legalización, con el argumento de que la legalización era necesaria para garantizar la seguridad jurídica. Su regularización requiere una fuerte iniciativa política, un abordaje multidisciplinar del tema, en el que participen tanto los pacientes, como los médicos de las especialidades implicadas, familiares y asociaciones relacionadas con el tema, para unificar criterios, crear

protocolos de aplicación y así favorecer su implantación, adecuada formación de los profesionales sanitarios, así como un Comité de Bioética nacional de carácter plural para modular el debate.

En España también es factible regularizar su práctica introduciendo un texto legal con elevado número de garantías jurídicas para evitar usos inadecuados, de hecho se lleva debatiendo sobre los aspectos éticos y jurídicos de la atención sanitaria al final de la vida más de 15 años, pero la situación actual de desorden político unido a la influencia notable de la religión católica y el poder que esta iglesia tiene sobre las decisiones políticas todavía hoy en el siglo XXI (pese a que España es un estado no confesional que debe proteger la vida sin imponer el deber de vivir) hacen que, desafortunadamente, se encuentre lejano el momento de la elaboración de una adecuada legislación y su aplicación.

Algo que también ayudaría a preservar la autonomía del paciente y que debemos fomentar es la necesidad de que se vaya incrementando progresivamente la tendencia a realizar un testamento vital o instrucciones previas, ya que así se garantiza que se cumple la voluntad del paciente llegadas estas situaciones y se contribuye a otorgar seguridad jurídica a estas prácticas médicas. No hay que olvidar nunca el respeto por la dignidad y la autonomía de la persona.

La discusión sobre la disposición de la propia vida es necesaria en sociedades maduras y democráticas, siendo fundamental el acceso a unos cuidados básicos al final de la misma, sin penalizar el derecho a elegir sobre la propia vida, escuchando las voces de todos los involucrados, de cara a un cambio de mentalidad. Por poner un ejemplo, sin el avance tecnológico y su regulación jurídica no habría sido posible, por ejemplo, considerar a un paciente en muerte encefálica como donante de órganos y poder extraer los mismos. Esto también fue un progreso, quizás más apoyado por la implicación de la ayuda a otra persona (salvar una vida), aunque también precisó de una regulación jurídica y de un cambio de actitud por parte de los profesionales y la sociedad en general.

Considero que la creación de "protocolos de actuación" y guías de práctica clínica que tengan como objetivo proponer puntos de referencia, reunir trabajos de referencia tanto normativos como éticos relacionados con la buena práctica médica y contribuir a la discusión global, así como la adecuada formación de los profesionales implicados en la cuestión, pueden suponer un vehículo para consolidar los avances y regularizar y normalizar estas prácticas cuando realmente sean necesarias y el paciente lo solicite

En resumen, las cuatro partes más importantes para progresar en el proceso son: **la información, la formación, el respeto y el diálogo**, aunque todavía nos queda un largo camino hacia la normalización del manejo de las situaciones al final de la vida en nuestra sociedad.

9. BIBLIOGRAFÍA.

Aznar J., Cerdá G. et al (Observatorio de Bioética de la UCV). **"Inmaculada Echevarría, ¿eutanasia o limitación legítima del esfuerzo terapéutico?"** *Cuadernos de Bioética* XXI, 2010/2ª, 248-255.

Beauchamp TL, Childress JF. **"Respect for autonomy, non maleficence, beneficence, justice"**. En: Beauchamp TL, Childress JF, editors. Principles of biomedical ethics (4th ed.). New York: Oxford University Press, 1994: 120-394.

Betancourt G**. "Limitación del esfuerzo terapéutico versus eutanasia: una reflexión bioética".** *Humanidades médicas* 11 (II) 2011; 259-273.

Cabré L, Solsona JF et al. **"Limitación del esfuerzo terapéutico en medicina intensiva".** *Med Intensiva* 26 (VI); 2002: 304-11.

Comité de Bioética (DH-BIO) del Consejo de Europa. **"Guía para el proceso de toma de decisiones relativas al tratamiento médico en situaciones del final de la vida".** Noviembre 2014.

Consejo General de Colegios Médicos (Organización Médica Colegial de España). **"Declaración realizada por la Comisión Central de Deontología y Derecho Médico "Ética de la sedación en la agonía".** 21 de Febrero de 2009.

De Lora P, Gascón M. **"Bioética, principios, desafíos, debates"**. Alianza editorial. Madrid. 2008: 238.

Emanuel EJ, Onwuteaka-Philipsen BD, Urwin JW et al. **"Atittudes and practices of euthanasia and physician-assisted suicide in the United States, Canada and Europe".** *JAMA*; 316 (I); 2016: 79-90.

Gamboa F**. "Limitación del esfuerzo terapéutico. ¿Es lo mismo retirar un tratamiento de soporte vital que no iniciarlo?"** *Medicina Clinica* (Barc). 135 (IX) 2010; 410-416.

Giacomini M. et al. **"Decisión tools for life support: a review and policy analysis"**. *Crit Care Med*; 34, 2006: 864-870.

González-Castro A., Azcune O., Peñasco Y. et al. **"Opinión de los profesionales de una unidad de cuidados intensivos sobre la limitación del esfuerzo terapéutico"**. *Revista de Calidad Asistencial*. 2016. <http://dx.doi.org/10.1016/j.cali.2015.12.007>.

Griffiths J, Weyers H, Adams M. **"Euthanasia and law in Europe"** (book. 595 pp. 2008. ISBN 978-1-84113-700-1. **referenciado en New England Journal of Medicine. 360 (18 : XVIII); 2009: 1915.**

Laín Entralgo P. **"La medicina hipocrática"**. Alianza editorial. 1982.

Martínez Otero J, Aznar J., et al (Observatorio de Bioética. Instituto de ciencias de la vida de la UCV). **"Comentarios al proyecto de ley reguladora de los derechos de la persona ante el proceso final de la vida"**. *Cuadernos de Bioética* XXII, 2011/3ª, 577-594.

Ortún V, Rodríguez F. **"De la efectividad clínica a la eficiencia social"**. *Med Clin* . 95. 1990; 385-8.

Restrepo BD, Cossio C, Ochoa F et al. **"Conocimientos, actitudes y prácticas frente a la limitación de esfuerzos terapéuticos en personal de salud de un hospital universitario"**. *Per Bioet*. 13; 2013; 216-26.

Socias L, Poyo-Guerrero R. **"Process of life-sustaining treatment in general hospital: withholding and withdrawing"**. *Revista de Bioética y Derecho*. 22; 2011: 67-78 (pag 71: futilidad)

Sprung Ch., Cohen S. et al. **"End-of-life practices in European Intensive Care Units. The Ethicus study"**. *JAMA*. 290 (VI); 2003: 790-797.

Steck N, Egger M, Maessen M. et al. **"Euthanasia and assisted suicide in selected European countries and US states"**. *Medical Care* 10 (LI), 2013: 938-944.

Vega Gutiérrez J. **"Eutanasia: una "pendiente resbaladiza". Problemas éticos ante la legalización"**. *Cuadernos de* Bioética XX, 2009/1ª, 111-112.

Wilkinson DJC, Savulescu J. **"A costly separation between withdrawing and withholding treatment in intensive care"**. *Bioethics*; 28 (III); 2014: 127-137.

10. LEGISLACIÓN Y JURISPRUDENCIA.

Código Penal Español. 1995. Ley Orgánica 10/1995, de 23 de noviembre.

Convenio sobre los Derechos Humanos y la Biomedicina. Oviedo. 1997.

Ley estatal 41/2002, básica reguladora de la autonomía del paciente y de derechos y obligaciones en materia de información y documentación clínica.

Ley de Comprobación de la terminación de la vida a petición propia y del auxilio al suicidio. Holanda. 1 de Abril de 2002.

Ley relativa a la eutanasia. Bélgica. 2002.

Ley de Cuidados paliativos, eutanasia y asistencia al suicidio. Luxemburgo. 2009.

Ley 2/2010, de 8 de abril, de Derechos y Garantías de la dignidad de la persona en el proceso de la muerte (Andalucía).

Proyecto de Ley Reguladora del los Derechos de la Persona ante el proceso del final de la vida. España. 2011.

Ley 8/2011, de 24 de marzo, de Derechos y Garantías de la dignidad de la persona en proceso de morir y de la muerte (Navarra).

Ley 10/2011, de 24 de marzo, de Derechos y Garantías de la dignidad de la persona en el proceso de morir y de la muerte (Aragón).

Ley para extender la eutanasia a menores de edad. Bélgica. 2014.

Ley 1/2015, de 9 de febrero, de Derechos y Garantías de la dignidad de la persona ante el proceso final de su vida (Canarias).

Ley 4/2015, de 23 de marzo, de Derechos y Garantías de la persona en el proceso de morir (Baleares).

Ley 5/2015, de 26 de junio, de Derechos y Garantías de la dignidad de las personas enfermas terminales (Galicia).

Ley 11/2016, de 8 de julio, de Garantía de los derechos y de la dignidad de las personas en el proceso final de su vida (País Vasco).

Ley 4/2017, de 9 de marzo, de Garantías y Derechos de las personas en el proceso de morir (Comunidad de Madrid).

SENTENCIAS

Sentencia del caso Karen Quinlan: In the matter of Karen Quinlan, an alleged incompetent. March 31, 1976. Supreme Court of New Jersey. (<http://www.euthanasia.procon.org/sourcefiles/In_Re_Quinlan.pdf>) (consultada el 3 de octubre de 2016)

Caso Ramón Sampedro. STC (ATC 931/1994, de 18 de Julio).

Caso Inmaculada Echevarria. Dictamen número 90/07. Consejo Consultivo de Andalucía. Resolución emitida por la Comisión Autonómica de Ética e Investigación Sanitarias.